ELISABETH ELLIOT

Im Schatten des Allmächtigen

Aufzeichnungen
des Jim Elliot

R. Brockhaus Verlag Wuppertal

R. Brockhaus Taschenbücher Bd. 206

Originaltitel: SHADOW OF THE ALMIGHTY
erschienen bei Harper & Row, New York
Deutsch von Eberhard Gauhe
Die Verse übertrug Emma Frick

6. Taschenbuchauflage 1983

Umschlag: Paul Reding, Waltrop
Gesamtherstellung: Breklumer Druckerei Manfred Siegel

ISBN 3-417-20206-X

Inhaltsverzeichnis

Vorwort zur deutschen Ausgabe 3
Einleitung 5
Akademischer Titel 10
Unbeirrbar auf das vorgesteckte Ziel zu 17
Siehe, wir wandern im Dunkeln 28
Taumelwein 34
Schafe — für den Altar bestimmt 43
Getrieben von Gott 45
Neue Freiheit 47
Prüfung durch Muße 51
Prüfung durch Dienst 57
Stimmen rufen 64
Das Musterbild 67
Von allen eigenen Möglichkeiten abgeschnitten . . 72
Genau im richtigen Augenblick 76
Die Hand an den Pflug gelegt 80
Auf See 84
Träume sind Schäume 86
Verwirklichung des großen Willens 92
Drei Glaubensprüfungen 100
Siehe, das ist unser Gott 110
Das Musterbild wird Wirklichkeit 116
Auftrag ausgeführt 124
Nachwort 139

VORWORT ZUR DEUTSCHEN AUSGABE

Von der vorliegenden Biographie kann gesagt werden, daß sie den höchsten Anforderungen gerecht wird, die an eine Lebensbeschreibung gestellt werden können: Sie ist wahr in dem eigentlichen und umfassenden Sinn, in welchem unter Menschen überhaupt von gelebter und bezeugter Wahrheit gesprochen werden kann.

Wer hier lesend in den Werdegang Jim Elliots, eines jungen Amerikaners unserer Generation, einbezogen wird — diese Aufzeichnungen reizen uns zur Begegnung und zum eigenen Mitgehen —, der wird das Buch aus der Hand legen mit jenem untrüglichen inneren Wissen: Ich bin wirklicher geworden.

Der größte Teil des Buches besteht aus persönlichen Tagebuchaufzeichnungen und Briefen, die nicht durch den heimlichen Blick auf Veröffentlichung bereits im Ansatz verfälscht und verbogen worden sind. Mit liebevoller Hand sind diese Notizen geordnet und ergänzt worden: liebevoll und doch unbestechlich, mit warmer Anteilnahme und doch nüchtern, ohne Pathos und »Heldenverehrung«, und doch mitreißend wie alles wirklich gelebte Leben.

Weil diese an sich schon seltene Kunst der Auslese von seiner eigenen Frau vollbracht wurde, empfangen wir in diesem Buch eine Doppelschau, eine verdichtete Biographie, gesehen und gelebt durch Herz und Auge der beiden Menschen, die sich am tiefsten einer im andern sahen und erkannten.

Hier begegnen wir gelebtem Glauben in unserer Zeit, echtem Christenleben bis in die Konsequenz des Todes, ohne Betonung und Pathos, sondern so nüchtern, selbstverständlich und folgerichtig auf das Letzte und Eigentliche konzentriert, wie ein glaubwürdiger Glaube in unserer Zeit in Erscheinung treten muß.

Diese Lebensmitteilung ist ein Vermächtnis und im besonderen ein Aufruf an die studierende Jugend Europas und der Welt. Dieses Buch ist notwendig. Das ist das Höchste, was ich über seine Sendung zu sagen vermag.

Hans Bürki

EINLEITUNG

Als Student schrieb Jim im Jahre 1949 diese Worte:

»Der ist kein Tor, der hingibt, was er nicht behalten kann, auf daß er gewinne, was er nicht verlieren kann.«

Sieben Jahre später, an einem heißen Sonntagnachmittag und fern von dem Collegezimmer, in dem jene Zeilen geschrieben worden waren, beendeten er und vier andere junge Männer ein Mahl aus gebackenen Bohnen und Mohrrüben. Sie saßen zusammen auf einem Streifen weißen Sandes am Curaray-Fluß, tief im feuchten Tropenurwald Ekuadors, und warteten auf das Kommen einer Gruppe von Männern, die sie liebten, mit denen sie aber noch nie zusammengetroffen waren — von wilden, steinzeitlichen Kopfjägern, jetzt in der ganzen Welt bekannt als Aucas.

Zwei Tage vorher hatte eine jahrelang gehegte Hoffnung sich zum Teil erfüllt. Drei dieser Indianer waren auf dem Sandufer, auf dem die fünf Männer jetzt saßen, mit ihnen zusammengetroffen. Die erste freundliche Berührung, seit langem erwartet und sorgfältig vorbereitet, war durchaus ein Erfolg gewesen. Der junge Mann und seine beiden Begleiterinnen traten aus dem Sumpfdickicht jenseits des Flusses und nahmen nach kurzem Zögern die dargebotene Hand Jim Elliots an, der sie dann durch den Fluß führte zu den anderen weißen Männern. Im Anfang waren die Angehörigen dieses nacktgehenden Stammes mißtrauisch gewesen, und mit Recht. Sie hatten von weißen Männern gewußt, die auch in solch großen Vögeln durch die Luft geflogen waren gleich dem, der jetzt hier auf dem Sandufer stand, und es hatte sich erwiesen, daß ihnen nicht zu trauen war. Aber irgendwie hatten die Indianer jetzt während der fünf langen Wochen, da diese Weißen hier versucht hatten, ihnen ihre freundliche Gesinnung zu zeigen, gespürt, daß hier keine »Fallgrube« war.

Die weißen Männer hatten bei den Aucas zuerst Geschenke abgeworfen, wie der Stamm sie auch in früheren Jahren schon erhalten hatte — *machetas* (eine Art von schweren Buschmessern), Kochtöpfe, Bänder, Wollstoff. Dies waren hochwillkommene Dinge, und die Indianer hatten angefangen, auf das Geräusch des gelben *ayamu,* der in regelmäßigen Abständen auftauchte, begierig zu warten (ob allerdings ein Volksstamm, der nicht weiter als bis drei zählen kann, einen Sieben-Tage-Rhythmus erkennen kann, ist fraglich). Wenn sie das Geräusch des Motors hörten, waren sie von überall herzugelaufen, aus den Maniokpflanzungen, aus den großen, ovalen, mit Blätterdach versehenen Häusern, vom Fluß her weiter unten, wo sie mit den Kanus zu fischen pflegten. Da waren sie schon wieder – diese merkwürdigen, bleichgesichtigen Männer, die ihnen zuwinkten und riefen und dann an einer Leine einen Eimer herabließen, aus dem man sich die wundervollsten Sachen holen konnte. Und was war das jetzt? Plötzlich erschallte eine Stimme in der Luft – in ihrer eigenen Sprache! Der Mann sprach zu ihnen.

»Kommt her! Wir sind eure Freunde. Wir haben euch gern. Wir sind eure Freunde!«

War es möglich, daß diese Männer nicht die Absicht hatten, einem das Land wegzunehmen, die Ernten zu vernichten, die Angehörigen zu töten, wie andere es getan hatten? Einige begannen, der Stimme zu glauben. Es kam ihnen ein Gedanke. Warum sollte man die Männer nicht ermutigen? Würde es sich nicht lohnen, herauszufinden, was sie in Wahrheit wollten? Konnte man nicht vielleicht noch mehr erlangen, wenn man auf das Spiel der Fremden einging?

In der folgenden Woche erwiderten die Indianer das herabgelassene Geschenk durch eine Gegengabe. In den Korb, der vor ihren Füßen kreiste, legten sie einen schönen Federkopfschmuck, kunstvoll geflochten und mit Palmenfasern ringsherum verkleidet. Kurz darauf verfertigte ein besonders unternehmungslustiger Auca ein kleines Flugzeugmodell, das er dem »Piper«-Flugzeug, so getreu er konnte, nachbildete und auf dem Dache seines Hauses aufstellte. Hatte er sich unbemerkt als Späher in das Haus in Arajuno herangeschlichen, dem Ausgangspunkt der ganzen Unternehmungen, wo man ein Modell des Flugzeuges zu eben solcher Besichtigung auf einem Pfahl befestigt hatte? Oder war er ganz von selbst auf die Idee gekommen, ein Modell zu bauen?

Als das Flugzeug eines Tages wieder über ihnen kreiste, vernahmen die Aucas, wie einer von den Männern rief: »Wir sind am Curaray. Kommt, kommt und besucht uns.« Da konnten einige nicht länger widerstehen. Noch immer von Zweifeln und alteingefleischter Angst vor diesen weißen Männern hin- und hergerissen, blieben sie zwei Tage unschlüssig –

von dem Dschungeldickicht aus, in dem sie sich genauso unsichtbar zu machen wissen wie die gefleckte Pardelkatze ihrer Urwälder, erkundeten sie vielleicht die Lage. Am dritten Tage jedoch siegte ihre Neugier – oder irgendwelche sonstigen Motive – über ihre Angst: Der Aufforderung der fünf Männer folgend, die am Ufer hin und her gingen, traten aus dem Dikkicht drei Indianer, ein junger Mann und zwei Frauen.

Wer waren diese weißen Männer? Brüder der Affen, die sich mit ihren behaarten Armen und Gesichtern in den Schlinggewächsen wiegten? Brüder des Gürteltiers, das eine sicherlich sehr unbequeme Kleidung trug und niemals nackt ging? Söhne vielleicht des Schöpfers der Sonne, da sie ja vom Himmel kamen? Aber dabei lachten sie, sprachen Worte, die man nicht verstehen konnte, schenkten einem Sachen zum Essen. Zum Essen? Offensichtlich ja – sie schmeckten gut, wenn auch völlig anders als alles, was sie bisher kannten (Würstchen, Brot, Limonade, Senf; mit ihrer eigenen Kost, der trockenen, schweren Maniokwurzel, dem Tapirfleisch, den Erdnüssen, konnte man dies kaum vergleichen).

Und dieses wundervolle Wasser! Einer der Männer goß dem Indianer ein wenig davon in die Hand (unter sich nannten sie ihn »George«), und als er sich damit den Körper einrieb, hörten wie durch Zauberei die Fliegen auf zu stechen.

Die fremden Männer machten ständig merkwürdige Zeichen auf ein glattes, weißes Blatt, mit einem dünnen, an einem Ende schwarzen Stäbchen. Dann sahen sie angestrengt auf diese Zeichen und sprachen die Worte, die die Indianer gesagt hatten. Untereinander aber gaben sie nur sonderbare Laute von sich – es waren doch nicht Worte? Doch, wahrscheinlich wohl – gegenseitig schienen sie sich zu verstehen, zu unterhalten. Doch es war nicht »hörbar«. Und warum antworteten sie nicht, wenn man mit ihnen sprach?

Das junge Mädchen entdeckte, daß die Oberfläche des *ayamu* glatt war; sie war wie – nein, sie war anders als alles, was das Mädchen kannte. Wie sollte man es den anderen beschreiben, wenn man heimkam? Wie ein Platanenblatt? Ja, aber ein Platanenblatt war nicht so groß und fest. Verzückt rieb sie ihren Körper an dem glatten Rumpf.

Und wie vor allem konnte dieses Wesen fliegen? »George« mußte es herausbekommen. Er guckte in seinen Kopf, dann in seinen Bauch. Mit den Flügeln schlagen konnte es nicht.

Wie konnte es sich bewegen? Mit Gebärden und Geplapper überzeugte er den Piloten, daß er sich nicht fürchte, daß er fliegen wolle. Höher, immer höher stiegen sie hinauf mit beängstigendem Krachen, bis weit über die Bäume. Wie fremd schien die Welt seinen kurzsichtigen Augen — denn der Urwaldindianer weiß nichts von weiten Räumen, fernen Horizonten. Er kennt nur den braunen Schlamm zu seinen Füßen, die Höhe eines Baumes, die kurze Strecke eines Flusses bis zur nächsten Biegung. Vielleicht hat er zuweilen einen Baum erklettert und über das grüne Blättermeer gespäht, um nach dem Rauch zu suchen, der ihm die Lage eines Hauses anzeigt, aber niemals hat er etwas Ähnliches gesehen wie diese weite Fläche, die sich unter »George« jetzt unermeßlich ausdehnte.

Plötzlich hefteten sich seine Augen auf eine Stelle, wo der Schauplatz sich veränderte — Leute, winzig kleine Leute liefen dort umher. Sie sahen so klein aus wie die weißen Männer früher, wenn sie über ihn hinweggeflogen waren. Ja, das mußten *seine* Leute sein. Das Flugzeug kreiste niedriger. Ja, natürlich — dort war sein Bruder, sein Vater, seine alte Großmutter. Aufgeregt schrie er ihnen etwas zu, und sie beobachteten ihn staunend. Jetzt schraubte sich das Flugzeug wieder höher. Er war so außer sich vor Freude, daß er immer weiter schrie, auch auf dem ganzen Rückflug bis zum Fluß, wo sich plötzlich unter ihm der glatte, weiße Sandplatz dehnte und ihm jetzt entgegenstieg. Mit einem Knirschen, das durch Mark und Bein ging, traf das Flugzeug auf den Boden, hüpfte eine Strecke weiter, dann blieben die Bäume schließlich stehen. Da waren auch wieder die zwei Frauen. Wie sollte er den beiden schildern, was er zu sehen bekommen hatte?

Am späten Nachmittag kam das junge Mädchen zu der Überzeugung, daß es Zeit sei, diese fremden Leute, die anscheinend kein Verlangen nach ihr hatten, zu verlassen. Sie ging den Sandstrand entlang und entfernte sich. »George« rief ihr nach, aber nein, sie blieb fest. Schließlich, als sie im Wald verschwand, folgte er ihr. Später ging auch die ältere Frau, und über die steilen Hügel und durch die sumpfigen Niederungen eilten sie zu ihrem Dorf, um atemlos von ihren Erlebnissen zu berichten. Doch hinten im Halbdunkel sah man alte Häupter mit verfilztem schwarzem Haar, die sich schweigend, aber ablehnend hin und her bewegten, als sie die

Erzählung hörten. Zwischen den Holzpflöcken, die sie in den Ohrläppchen trugen, bildeten sich finstere Pläne.

Am Ufer des Curaray warteten am nächsten Tage die fünf Männer voller Spannung, daß ihre Freunde wiederkämen. Wie am Tage vorher gingen sie am Strand auf und ab und riefen die wenigen Sätze, die sie von der Aucasprache gelernt hatten; sie hatten sie herausbekommen von einer Aucafrau, die von ihrem Stamm geflohen war und jetzt auf einer Farm in der Nähe der Missionsstation lebte. Doch auf die Rufe antwortete nur das Schweigen des Urwaldes, der den gewundenen Fluß auf beiden Seiten säumte. Einmal fiel ein Baum, und das Krachen steigerte die Spannung. Aber nichts geschah. Schließlich sah Jim Elliot auf seine Uhr.

»Also, Brüder, ich gebe ihnen noch fünf Minuten. Wenn sie dann nicht auftauchen, werde ich hinübergehen!«

Die Klugheit hielt ihn davon ab, seine Drohung auszuführen, doch auch der ganze lange Nachmittag brachte ihrem Harren keinen Lohn.

Die »Nachbarn« hielten offenbar noch Konferenzen ab — sollten sie wieder zu den weißen Männern gehen und sie einladen in ihr Dorf? Wer sollte hingehen? Sie konnten nicht wissen, mit welch gespannter Sehnsucht sie erwartet wurden.

Der Sonntagmorgen dämmerte herauf mit wolkenlosem Himmel. Wieder hatte Gott den Gebeten Erhörung geschenkt. Der Fluß war nicht gestiegen, der schmale Landestreifen nicht zerstört, und das Wetter war zum Fliegen günstig. Nate, der Pilot, stieg auf. Nachdem er eine Zeitlang über dem Indianerdorf gekreist hatte, entdeckte er etwa zehn Aucas, die sich am Fluß in Richtung der vier Fremdlinge bewegten.

»Es ist soweit, Freunde!« rief er erregt, als das Flugzeug wieder auf dem Sandstrand landete. »Sie sind unterwegs!«

Durch Funk wurde Nates Frau von der Begegnung unterrichtet; um 4.30 Uhr sollte sie wieder am Apparat sein.

Nach dem Mittagessen machten sich die Männer daran, auf dem Sand einen Miniatur-»Dschungel« und das Modell eines Hauses aufzubauen; daran sollte den Wilden demonstriert werden, wie sie einen Landestreifen anlegen konnten, falls sie daran interessiert wären, daß die weißen Männer zu ihnen kämen und bei ihnen lebten. Dann sangen die fünf Missionare gemeinsam, wie sie das so oft getan hatten, freudig und spontan:

Wir traun auf Dich, Du Schirmer und Beschützer,
wir gehen nicht allein ins Feindesland.
Du machst uns stark, wir sind in Dir geborgen
und traun auf Dich! Du hast uns ausgesandt . . .

Indem sie sich und alle ihre sorgsam ausgedachten Pläne in die Hände dessen gaben, der sie so unverkennbar bis hierher geleitet hatte, warteten sie auf die Aucas.

Am gleichen Nachmittag, noch vor 4.30 Uhr, fluteten die stillen Wasser des Curaray über die Leichen der fünf Kameraden, erschlagen von den Menschen, deretwegen sie gekommen waren, um sie für Christus zu gewinnen.

Die Welt sprach von einer grauenvollen, herzbeklemmenden Tragödie. Die Welt erkannte nicht die Wahrheit in Jim Elliots Glaubenssatz: »Der ist kein Tor, der hingibt, was er nicht behalten kann, auf daß er gewinne, was er nicht verlieren kann.«

Wheaton, Illinois 1945—1949

AKADEMISCHER TITEL

Das Wissen bläst auf, aber die Liebe bessert. So aber sich jemand dünken läßt, er wisse etwas, der weiß noch nicht, wie er wissen soll. So aber jemand Gott liebt, der ist von ihm erkannt.

Als Jim Elliot im Herbst 1945 in das Wheaton College in Illinois einzog, lag sein Ziel klar vor ihm.

Er war überzeugt, daß Gott ihn nach Wheaton geführt hatte. Er war nicht einfach seines Vaters wegen hingegangen. Es gab niemand, der ihn »finanzierte«; Jim wußte nicht einmal, wo das Geld für sein Studium herkommen würde. Aber Gott belohnte dies Vertrauen, und die nötigen Mittel kamen zusammen, teils durch einen Freund, teils durch ein Stipendium und eine Halbtagsstelle, so daß er im November schreiben konnte: »Diese Erfahrung mit dem Geld fürs Studium gehört zu denen, wo ich ihn unaufhörlich preisen kann für seine stete fürsorgliche Güte. Ihm sei alle Ehre und Dank.«

Seine Nahrung wählte er sorgfältig aus: frisches Obst und Gemüse, am liebsten roh; wenig stärkehaltige Sachen, wenig süße Nachspeisen. Er aß zwar zu schnell, aber keine großen

Mengen; hierin folgte er den Regeln für das Ringertraining und auch seinen eigenen Ideen über Abhärtung des Körpers für künftige Missionsarbeit.

Die einzigen Berichte, die wir über seine beiden Studienjahre haben, stehen in seinen Briefen an die Familie. Folgendes schrieb er im Frühherbst dieses Jahres an seine Schwester Jane:

»Beginne jeden Tag mit stiller Bibellese und Gebet. Bunyan hat mit Recht gesagt: ›Entweder wird die Sünde dich von diesem Buch abhalten, oder dieses Buch wird dich von der Sünde abhalten.‹ Wenn du auf die Oberschule kommst, verteile unter denen, mit denen du zusammentriffst, sofort biblische Traktate. Tu es ungeniert und von Anfang an, es ist leichter so, als wenn du versuchst, damit anzufangen, wenn du mit der Schule schon halb fertig bist. Lern in der Trambahn Bibelstellen auswendig, kauf die Zeit aus! Sie ist kostbar, weil sie so schnell dahinflieht. Das sind simple Wahrheiten, ziemlich abgedroschen, aber ich wünschte, jemand hätte sie auch mir gesagt, als ich damals mit der Oberschule anfing. ›Befleißige dich, Gott dich zu erzeigen als einen rechtschaffenen und unsträflichen Arbeiter, der da recht teile das Wort der Wahrheit.‹«

Jim stellte seinen Wecker jeden Abend so, daß er am nächsten Morgen Zeit zum Beten und zum Bibelstudium hatte. »In der Bibel«, schrieb er, »wird nie etwas zu ›altem, abgedroschenem Zeug‹, denn sie ist ja Christus in gedruckter Form, das ›lebendige Wort‹. Wir stehen morgens nie auf, ohne uns das Gesicht zu waschen, aber wir vernachlässigen oft die innere Reinigung durch das Wort des Herrn. Es weckt uns auf zum Innewerden unserer Verantwortung.«

Eine der Früchte dieses ersten Jahres im College war eine neue Wertschätzung seines Elternhauses. Im Mai schrieb er: »Dies ist das Frühjahr meines neunzehnten Lebensjahres. Langsam ist mir die Erkenntnis gekommen, daß ich an diesem Punkt nicht angelangt bin dank meiner eigenen Anstrengungen, noch durch den stetigen Lauf dieses leichtfüßigen Läufers der ›Zeit‹, sondern durch das stille, unmerkliche Geführtwerden von einer treuen Mutter und einem Vater-Prediger, der nicht so viel Zeit auf das Erziehen der Kinder anderer verwandt hat, daß er keine Zeit mehr gehabt hätte für seine eigenen.«

»Es ist ein nützliches Jahr gewesen«, schrieb er am Ende seines ersten Studienjahres, »ich bin meinem Erlöser nähergerückt und habe Schätze entdeckt in seinem Wort. Wie wunderbar zu wissen, daß Christentum mehr ist als ein Stammplatz in der Kirche mit Kissen oder eine dämmerige Kathedrale, daß es eine wirkliche, lebendige, täglich sich erneuernde Erfahrung ist, die sich fortsetzt von Gnade zu Gnade. Und das Ziel — manchmal fern erscheinend —, aber licht und unvergänglich, erstrahlt es im Glanz der ›Sonne der Gerechtigkeit‹.«

Den Sommer verbrachte Jim zu Hause und kehrte im September nach Wheaton zurück. In einem der ersten Briefe an die Familie schrieb er:

»Das Erlangen wissenschaftlicher Erkenntnis (die ›Hoffart des Lebens‹) ist ein mühevolles Unternehmen, und ich frage mich allmählich, ob es überhaupt der Mühe wert ist. Der Glanz, den die Wißbegier den Dingen gab, ist verblaßt. Was kann der Mensch Besseres kennenlernen als die Liebe Christi, die höher ist als alle Erkenntnis? Ach, lieber schwelgen in der Erkenntnis Christi als sich suhlen im grundlosen Sumpf der Philosophie. Mein Philosophieprofessor sagt, ich dürfe nicht erwarten, daß ich in seiner Vorlesung viel lernen würde — das einzige, was er wolle, sei, den Geist des Forschens bei uns zu entwickeln, um uns dazu zu bringen, ›philosophische Fragen allgemeinster Art mit klarem, kritischem Verstand zu untersuchen‹. Hm!«

26. Oktober. »Ich bin gefragt worden, ob ich im nächsten Jahr den Posten des Geschäftsführers in der Redaktion des *Tower*, unserer Studentenzeitung, übernehmen würde. Das würde bedeuten, daß ich sechs Ehrenpunkte und ein Jahr Hörgeldfreiheit bekäme und über ein Betriebskapital von 12 000 Dollar verfügen könnte — das hieße aber ebenfalls: zusätzliche Arbeit spät abends, Verringerung meiner Vorlesungen und Beteiligung bei einer Menge äußerlicher Nichtigkeiten, die ich mit meiner Haltung schwer in Einklang bringen könnte.«

Seine Ablehnung des Angebots brachte ihm Proteste seitens der Familie ein, auf die er am 2. November erwiderte: »Euer Brief kam zu spät, um mich von meinem Entschluß hinsichtlich des Postens in der Redaktion des *Tower* abzubringen. Letztes Wochenende war ich wegen dieser ganzen Sache recht verwirrt, aber nachdem ich lange Zeit gebetet hatte, wurde ich ruhig und fand Frieden, indem ich zu der Überzeugung kam, daß es nicht sein Wille ist, daß ich den Posten annehme. Zwar kann ich für meinen Entschluß auch jetzt noch keinen Grund angeben, nur den einen, daß der Herr auch dem Psalmisten den Weg des Lebens kundgetan hat, und zwar einfach dadurch, daß der ihn allezeit vor Augen hatte. Psalm 16, 11. Ich wartete vor ihm, und irgendwie kam mir dann Antwort — ich hoffe fest, sie kam aus seinem Geist. ›Des Menschen Herz erdenkt sich seinen Weg‹, sagt Salomo, ›doch der Herr lenkt seine Schritte.‹ Mein Herz denkt, ihm zu dienen; ihm muß ich den nächsten Schritt anheimstellen.«

Beim Zubereiten einer jungen Seele, die sich so zum Dienst für ihn verpflichtet hat, findet Gott es wohl zuweilen nötig, den Horizont des Betreffenden zu beschränken, bis sein Blick klar ausgerichtet ist. Zwar lernte Jim, noch bevor er das Studium beendete, die Erweiterung des Horizonts zu schätzen, aber während dieser beiden ersten Jahre konnte er den Arbeitsplan im College nicht ohne weiteres als etwas durchaus Positives ansehen. Sein Vater, dessen Schulbildung notgedrungen hatte abgebrochen werden müssen, wollte gern, daß Jim begriff, welchen Vorzug er besaß, daß er studieren konnte, und pries in einem Brief an ihn den Wert der Bildung. Jim erwiderte:

»Du sprichst davon, daß sie ›unserem Menschsein Fülle gibt‹. Sie gibt ihm Fülle, richtig, aber manchmal, fürchte ich, doch mehr in der Art von 1. Kor. 8, 1: ›Das Wissen bläht auf.‹ ›Geisteskultur‹, Philosophie, Diskussionen, das Theater in seinen schwächeren Formen, Konzerte und Oper, Politik — alles, was den Verstand in Anspruch nehmen kann, lenkt die Herzen vieler hier im College, scheint mir, davon ab, ein schlichtes Leben in der Nachfolge des Herrn zu führen, obwohl wir gerade davon immer so gefühlvoll singen. Nein, Bildung ist gefährlich, und mir persönlich wird ihr Wert für das Leben eines Christen ziemlich fraglich. Gegen *Weisheit* sage ich nichts — aber die kommt von Gott, nicht durch Doktorgrade.«

Auszüge aus weiteren Briefen an seine Eltern:

6. Dezember. »Zur Zeit finde ich das Arbeitspensum, das ich zu bewältigen habe, ziemlich groß; es ist fast unmöglich, vor 11 Uhr ins Bett zu kommen. Wenn ihr für mich betet, würde ich das sehr schätzen hier, denn es ist schwierig, in der griechischen Vorlesung um 7.30 Uhr morgens nicht ins Dösen zu geraten, und noch schwieriger, vor dieser Zeit sich zu sammeln in ernsthaftem Morgengebet und Bibellesen. Gerade das aber ist es, was Paulus meint, wenn er von den Härten spricht, die ausgehalten werden müssen, wenn man ein guter Streiter Jesu Christi sein will, fähig zum Ertragen von Strapazen.«

27. Januar. »In der letzten Zeit habe ich oft für die Oberschülergruppe gebetet, denn ich erkenne mehr und mehr, welche Art von Führung ich damals gebraucht hätte in jenen unbesonnenen goldenen Tagen der Freuden und der Kümmernisse, als jedes Problem so ungeheuer groß war und jede Einzelheit geladen mit Bedeutung. Ich glaube, die ›problematische Jugend‹ wäre kein so schwieriges Problem, wenn wir nur mal ein paar Jahre in unsere eigene Vergangenheit zurückdächten, bis zu der Zeit, als unser häufigster Kummer eine zerbrochene Fensterscheibe war und unsere größte Freude eine Apfelschlacht. Ich glaube, wenn wir die verirrten Schäflein geduldig betreuen, auch durch Fürbitte, werden sie zur Herde zurückkehren. Es dauert immer einige Zeit, bis sich Ausgelassenheit zu Ehrerbietung wendet, und man muß die Wahrheit oft wiederholen, um jugendliche Wildwässer in bleibende Kanäle zu lenken. Man muß achtgeben, daß das Tun des Guten nicht zu einer Last wird. Gerade ›nachdem ihr den Willen Gottes getan habt‹, ist Geduld besonders not.«

Jim hatte während seines ersten Collegejahres angefangen zu ringen, weil er glaubte, daß die Beteiligung bei einem Sport dazu beitrüge, ihn zu einem Streiter Jesu Christi auszubilden. Wie der Apostel Paulus gesagt hatte: »Ich zerschlage meinen Leib und mache ihn mir dienstbar, damit ich nicht, nachdem ich andere zum Kampf aufgerufen habe, mich selbst als untüchtig erweise.« Jim hatte keine ringerische Vorbildung von der Oberschule her, aber er trat in seinem ersten Jahr in Wheaton in die Universitätsriege ein und galt auf der Matte als raffiniert und verwegen. Seine Biegsamkeit brachte ihm den Namen »Gummimann« ein. Oft, wenn sein Gegner überzeugt war, Jims Arm oder Bein sei nahe am Brechen, bemerkte er erstaunt, daß sein Gesicht völlig unbekümmert war.

»Es ist bestimmt ein gutes Gefühl«, hatte Jim an seine Mutter geschrieben, »wenn man beim Studium nicht aufgeschwemmt und schlaff ist. Ich glaube, wenn man körperlich auf Draht ist, wird die gesamte leibliche Entwicklung gefördert, auch das Denken. Wie das Pferd bei Hiob kann man sich seiner Stärke freuen.«

Bald wandte er sich wieder den Themen »Bildung« und »Gottes Pläne« zu.

8. Februar. »Nein, Vater, die Bücher von Darby habe ich hier nicht bekommen, und wenn, hätte ich nicht die Zeit, sie zu lesen. Das ist auch der Grund, warum ich unzufrieden bin, daß ich mich hier mit Allgemeinbildung beschäftige, denn in einer Zeit, wo mein Geist noch rasch aufnimmt, muß er sich nun mit Dingen befassen wie Descartes' rationalistischer Erkenntnistheorie oder der verschwommenen Hypothese von Laplace, während ich doch viel lieber ein Studium betreiben würde, das sich um die Dinge Gottes dreht. Wie dem auch sei, der Vater droben weiß am besten, was gut und richtig ist, und ich bin überzeugt, daß er mich hierhergestellt hat; mein Auftrag ist, hier still zu arbeiten, bis die Wolkensäule sich bewegt und weiterführt, und seine Pläne auszuführen zu der Stunde, die er setzt.«

22. Februar. »Diese Woche habe ich meine Noten bekommen, sie waren, wie erwartet, schlechter als im vorigen Semester. Ich will mich nicht entschuldigen, ich gebe zu, ich habe die Arbeit etwas vernachlässigt um des Bibelstudiums willen — in diesem einen Fach möchte ich einen Titel erlangen, den Titel ›v.G.a.‹, von Gott angenommen.«

Es geschah im Laufe dieser beiden ersten Collegejahre, daß Jim die unmittelbare, persönliche Bedeutung von Jesu Gebot klar wurde, hinzugehen und das Evangelium zu verkündigen. Er kam zu der Überzeugung, daß der Befehl auch ihm gelte. Über den genauen Zeitpunkt, wann diese Überzeugung bei ihm durchbrach, ist kein Bericht vorhanden, aber ein kleines, schwarzes Notizbuch mit auswechselbaren Blättern zeugt von seiner Sorge um die Millionen, die noch keine Möglichkeit gehabt hatten zu hören, was Gott getan hat, um den Menschen zu sich zurückzubringen. Das Notizbuch wurde nach Jims Tode am Ufer des Curaray gefunden, die Blätter lagen auf dem Sand verstreut, bei manchen war die Tinte durch das Wasser völlig ausgelöscht, andere waren schmutzig und verregnet, aber doch noch leserlich. Abgesehen von den Namen von Hunderten von Menschen, für die Jim betete, fand sich unter den Notizen auch ein Rezept, wie man Seife macht (aufgeschrieben sicherlich in der Voraussicht, daß er eines Tages ein Pionierleben auf irgendeinem Missionsfeld führen würde); außerdem Notizen für seine eigenen Predigten auf Englisch, Spanisch,

Ketschua; Aufzeichnungen über die Aucasprache und statistische Zahlen über Äußere Mission, die er sich in seiner Collegezeit notiert hatte. Nachfolgend ein Auszug:

1700 Sprachen haben kein einziges übersetztes Wort der Bibel. 90 % derer, die sich für das Missionsfeld melden, gelangen nie dorthin. Es ist mehr nötig als nur ein ›Herr, ich bin willens‹. 64 % der Menschheit hat noch nie etwas von Christus gehört. In jeder Stunde sterben 5000 Menschen. Die Bevölkerung von Indien ist so groß wie die von Nordamerika, Afrika und Südamerika zusammen. Dort kommt 1 Missionar auf 91 000 Menschen.

In den fremden Ländern gibt es einen Gottesarbeiter auf je 50 000 Menschen, während es in den USA einen auf 500 gibt.

Angesichts des eindeutigen Befehls Christi in Verbindung mit jenen erschütternden Fakten glaubte Jim, daß er, wenn er in den Staaten bliebe, nachzuweisen habe, daß sein Bleiben gerechtfertigt sei.

Er faßte den Plan, in die Äußere Mission zu gehen, wo immer Gott ihn hinführen würde, und unternahm die ersten praktischen Schritte in dieser Richtung im Sommer 1947, indem er per Anhalter nach Mexiko fuhr, zusammen mit Ron Harris, einem Collegefreund, dessen Eltern dort als Missionare lebten. Über seine ersten Eindrücke schrieb er seinen Eltern am *23. Juni*:

»Mexiko hat mein Herz gestohlen. Wir sind jetzt vierzehn Tage hier bei Rons Familie, und sie haben mich eingeladen, solange dazubleiben, wie ich Lust habe. Im Augenblick wünschte ich fast, es wäre für immer ... Gott hat mir sehr viel Freundlichkeit erwiesen, daß er mich hierher geführt und mir Gelegenheit gegeben hat, ein wenig das Arbeitsfeld zu sehen und die Sprache zu hören. Missionare sind sehr menschenfreundlich; worum man sie bittet, das tun sie. Sie selber ordnen sich ganz unten ein und suchen in allem, Ihn zu erheben.«

Jim blieb sechs Wochen bei der Familie Harris. Er machte seine ersten spanischen Sprachstudien, beobachtete die Methoden seiner Gastgeber bei der Missionsarbeit, erhielt von ihnen Ratschläge und machte sich über alles, was er aufnahm, Notizen, sogar über die spanischen Namen von Vögeln, Blumen und Bergen.

Gegen Ende seines Aufenthaltes in Mexiko wurde er gebeten, in einer Versammlung für Kinder zu sprechen. Trotz seiner erst einmonatigen Sprachstudien entschloß er sich, es zu versuchen, und zwar ohne Dolmetscher.

»Das Thema war die Arche Noah und der Regenbogen der Verheißung«, erinnert sich Ron Harris. »Etwa 150 Kinder saßen aufmerksam und ruhig da, während Jim über eine halbe Stunde lang zu ihnen sprach. Hinter ihm war eine Tafel, und jedesmal, wenn er ein Wort nicht wußte, zeichnete er auf die Tafel und fand irgend jemand, der ihm das Wort, das er brauchte, sagte. Durch seinen glühenden Eifer und das bereitwillige Benutzen alles dessen, was er lernte, kam er mit dem Spanischen trotz der kurzen Zeit sehr gut voran.«

Für Jim, als er nach Oregon zurücktrampte, gab es kaum noch einen Zweifel, daß Latein-Amerika das Land war, in welches Gott ihn rief. Er wußte jetzt, daß er sich nie mit dem »Üblichen« würde begnügen können. Sein Blick war auf die gerichtet, die das Wort noch nie gehört hatten.

UNBEIRRBAR AUF DAS VORGESTECKTE ZIEL ZU

Nicht, daß ich's schon ergriffen habe oder schon vollkommen sei . . . Eines aber sage ich: Ich vergesse, was dahinten ist, und strecke mich zu dem, was da vorne ist, und jage nach dem vorgesteckten Ziel, dem Kleinod, welches vorhält die himmlische Berufung Gottes in Christo Jesu.

Als Jim 1945 nach Wheaton gekommen war, hatte er gedacht, er würde im Höchstfall zwei Jahre bleiben können. Im Herbst 1947, nach seinem Aufenthalt in Mexiko und einigen Wochen zu Hause, war jedoch genügend Geld verfügbar, das Studium in Wheaton fortzusetzen, und er nahm dies als ein Zeichen Gottes, daß er dorthin zurückkehren solle.

Entsprechend seinen Ansichten vom Vorjahr entschloß sich Jim, Griechisch als Hauptfach zu nehmen. Erstens ging es ihm darum, in die Ursprache des Neuen Testaments so tief wie möglich einzudringen, um dessen Sinn gründlich zu erfassen, und außerdem glaubte er, daß die Kenntnis des Griechischen ihm sehr viel helfen werde bei dem Übersetzen der Bibel in eine primitive Sprache.

Aus den gleichen Gründen hatte auch ich Griechisch als

Hauptfach gewählt, und unser Vorlesungsplan war fast der gleiche – ein recht seltener Fall bei einem College von fünfzehnhundert Studenten und einer so großen Auswahl von Vorlesungen. Eines Tages ging mir auf, daß jener Jim Elliot, der immer in die Vorlesungen über Thukydides, Herodot, die Septuaginta, alte Geschichte kam und auch am Seminar über griechische Dichter teilnahm, der gleiche Elliot sein müsse, von dem mein Bruder Dave seit zwei Jahren immerzu erzählte, einer seiner Freunde aus der Ringmannschaft, von dem er gemeint hatte, ich sollte ihn kennenlernen.

Jim saß in der Vorlesung über alte Geschichte ganz in meiner Nähe, auf der anderen Seite des Mittelgangs. Ja, dachte ich, er sieht tatsächlich wie ein Ringer aus. Fast einen Meter achtzig groß, hatte er den Stiernacken und den starken Brustkasten, wie ich mir dies bei einem Ringkämpfer immer vorgestellt hatte. Das mit Grau gemischte Blau seiner Augen wurde unterstrichen durch den hellblauen Pullover, den er meistens trug, dazu graue Flanellhosen und eine leicht abgetragene Gabardinejacke. Schlips und Socken waren in der Farbe meistens darauf abgestimmt, und ich stellte fest, daß er alles »Feine« und Auffällige vermied, was in meinen Augen schon ein kleiner Pluspunkt für ihn war.

Nach den Vorlesungen unterhielten wir uns manchmal miteinander, und eines Tages im Oktober fragte Jim, ob wir uns nicht einmal abends treffen könnten. Aus dem Impuls des Augenblicks heraus nahm ich die Verabredung, die er vorschlug, an, aber später machte ich sie wieder rückgängig. Dies war kein sehr lobenswerter Schritt, wie ich mir hernach von einigen anderen sagen lassen mußte. Ob ich nicht wisse, daß Jim ein Weiberfeind sei? Ich hätte eine einmalige Gelegenheit zurückgewiesen.

Den Ruf eines Weiberfeindes hatte Jim sich dadurch erworben, daß er alles Unwesentliche rücksichtslos aus seinem Tun ausschloß. Verabredungen, fand er, gehörten zu den Dingen, auf die er gut verzichten konnte. Zudem hatte in diesen ersten Monaten seines dritten Studienjahres Gott ihn angesprochen durch das Wort in Matthäus 19, 12: »Es gibt Ehelose, die um des Himmelreiches willen auf die Ehe verzichtet haben. Wer dazu fähig ist, der tue es.« Jim war kein Asket und genoß von ganzem Herzen alles das, wovon er glaubte, daß es ihm von Gott gegeben sei, daß er es genieße; aber er hielt es für ratsam, aus seinem Tun und Unternehmen alles auszuschließen, was die Macht besaß, ihn von der Erfüllung seines Willens abzulenken. Die Regeln aus dem 1. Korintherbrief waren in seinen Augen unumgehbar, und es geschah nicht ohne Grund, daß Gott ihm diese Lehren gerade jetzt vor Augen stellte. Ob Gott ihm das verlieh, was er die »Gabe des Ledigbleibens« nannte (ein Ausdruck, den Jim aus 1. Korinther 7, 7 nahm: »Ein jeglicher hat seine eigene Gabe von Gott, einer so, der andere so«), das wußte er noch nicht; aber jedenfalls versuchte er nicht, diese Möglichkeit vor sich hinwegzudiskutieren. Er glaubte, daß Christus allgenügend sei, auch für das volle Sich-Entfalten und Erfüllen der Persönlichkeit, und er war bereit, sich ihm hierin ganz anheimzugeben.

Als mein Bruder Dave ihn einlud, die Weihnachtsferien in »Birdsong«, unserem Haus in Moorestown, New Jersey, zu verbringen, sagte Jim freudig zu, weil er dachte (wie er später erst bekannte), es sei eine gute Gelegenheit, mich näher kennenzulernen – ein Grund, den er damals ganz für sich behielt. Kein Mensch hätte etwas ahnen können von dem inneren Kampf, den er in jenen beiden Wochen durchmachte: Er hatte die Belehrungen über die Gefahren des »Sich-Bindens« in sich aufgenommen, und zu gleicher Zeit verspürte er ein wachsendes Interesse für meine Person. Ich ahnte aber damals nichts.

Während seines Aufenthalts bei uns schrieb er am 21. Dezember seiner Familie:

»Was Gottes Plan ist, daß er mich hierher geführt hat, kann ich jetzt nicht sagen, vielleicht werde ich es nie sagen können, solange noch das Ticken von Uhren an das Ohr dringt; aber daß er führt und daß sein Plan nicht mißlingen wird, das weiß ich mit Bestimmtheit ... Hier bin ich im Schoß einer prachtvollen Familie: ein Sohn im Alter von Bob und seine Frau (Phil und Margaret); auf Betty, die heute einundzwanzig wird und in ihrem vierten Studienjahr in Wheaton steht, folgt als nächster Bruder Dave. Dann kommen Ginny, die Fünfzehnjährige mit umgerollten Socken, die genau wie Jane die Augen zumacht, wenn sie lächelt, was bei ihr sehr häufig ist; und Tommy, dreizehn; zusammen mit Jimmy, sieben, erhalten sie uns andere bei guter Laune und heiterer Stimmung. Auch hier finde ich wieder, daß die Kinder Gottes ungeheuer freundlich sind, und diese ganz besonders. Heute morgen bin ich in die ›Kirche‹ gegangen, und ich stellte fest, daß ich erschreckend unwissend bin hinsichtlich der alten Gebräuche, die wir bei unseren ›Versammlungen‹ so energisch verurteilen und ausmerzen (und die wir dennoch manchmal, ohne es zu merken, beibehalten). Ich kann nicht das Apostolische Glaubensbekenntnis und kenne auch nicht die richtigen Melodien der presbyterianischen Liturgie. Betet für mich. Ich brauche Standhaftigkeit, sowohl seelisch als auch geistlich.«

Meine Familie war von Jim entzückt. Auf uns, die wir aus Philadelphia und Neu-England stammen und die nüchterne und gesetzte Art der Leute aus dem Osten haben, wirkte sein stets bereites, offenes Lächeln, sein kräftiger Händedruck und seine ganze unbeschränkte Offenherzigkeit erfrischend. Er reparierte alles, was der Reparatur bedürftig war in dem schon ziemlich alten Haus, das seit einer Reihe von Jahren für uns acht die Heimat war. Einer kleinen alten Dame, die damals Küchenhilfe meiner Mutter war, half er beim Geschirrabtrocknen. »Der wird sich alle Herzen erobern«, sagte sie von Jim. »Wenn er eine Gabel findet, die nicht gut gespült ist, sagt er nicht, ich soll sie nochmal spülen, sondern tut es selber.« Trotz ihrer Taubheit konnte die alte Dame es hören, wenn Jim sang. Er wußte Hunderte von Kirchenliedern auswendig und ließ bei allen möglichen Gelegenheiten ungeniert seinen kräftigen, etwas spröden Bariton ertönen.

Er ging mit meinen kleineren Geschwistern zum Rodeln und Schlittschuhlaufen und schippte für meinen Vater Schnee. Daß er etwas Besonderes für mich getan hätte, kann ich mich nicht erinnern, außer daß er mich abends immer lange wach hielt durch seine Unterhaltung, wenn die anderen schon längst im Bett lagen. Wir redeten über die verschiedensten Themen – über seinen Standpunkt in der Frage des Kriegsdienstes (als meine Mutter ihn harmlos gefragt hatte, ob er schon gedient habe, hatte er mit solcher Heftigkeit erwidert: »Nein, *ma'am*«, daß sie ganz verblüfft gewesen war), über neutestamentliche Grundsätze der Gemeindeführung, über Frauen, Dichtung und viele andere Gegenstände, wobei er Ansichten vertrat, die ich ungewöhnlich fand. Mir gefielen diese langen Diskussionen – teilweise machten sie mir deshalb Freude, weil ich in so vielen Dingen damals anderer Ansicht war als er. Auf jeden Fall, ich fand, Jim Elliot sei eine ausgesprochene »Persönlichkeit«, und er gefiel mir.

Als wir wieder in Wheaton waren, bemerkte Jim, daß ich

meine Thukydides-Aufgaben immer an einem bestimmten Tisch im Arbeitssaal machte. Von da an setzte er sich ziemlich regelmäßig zu mir. Es gab Momente, wo ich das dunkle Gefühl hatte, den größten Teil der Arbeit täte ich, aber der Gedanke, daß ihn andere Erwägungen als die der reinen Nützlichkeit bestimmen könnten, kam mir in keiner Weise. Wir fanden, daß es eine wirksame Methode war, rasch ganze Seiten griechischer Texte durchzuarbeiten.

Als er mir Monate später sagte, sein Interesse für mich habe vor den Weihnachtsferien begonnen, war ich überrascht. Ich erfuhr, daß seine persönlichen Gefühle im Zaum gehalten worden waren durch einen Grundsatz, von dem er einmal seinen Eltern schrieb:

»Niemand weist die jungen Leute an, daß sie dem Beispiel Adams folgen sollen. Adam wartete, bis Gott sah, was ihm fehlte. Darauf ließ er Adam in Schlaf sinken, bereitete ihm eine Gefährtin und führte sie ihm zu. Wir brauchten mehr von diesem ›Schlafen‹ in Gottes Willen. Denn dann können wir entgegennehmen, was er uns zuführt, und zwar zu der von ihm gesetzten Zeit, wenn überhaupt. Statt dessen suchen wir krampfhaft nach einem Partner, wie gierige Bluthunde, und ziehen jeden, den wir sehen, in Erwägung, bis unser ganzes Denken so angefüllt ist mit der sexuellen Frage, daß wir von nichts anderem mehr reden können, wenn wir unter uns sind. Natürlich kann ein junger Mann die Frauen nicht *ignorieren,* aber er kann sie so betrachten, wie es sich gehört – als Schwestern, nicht als Boxkampfpartner!«

Wie es oft der Fall ist, fand Jim, obwohl er mehr für sein Studium zu arbeiten hatte als je zuvor, daß die stille Zeit mit der Bibel noch wichtiger und wesentlicher war. Er begann, sich morgens vor dem Frühstück eine Stunde mit dem Alten Testament zu befassen, mittags einige Minuten mit Psalmen und an den Abenden mit dem Neuen Testament. Am 18. Januar 1948 fing er an, das, was er dabei lernte, in ein Heft zu notieren.

»1. Mose 23 – Abraham nennt sich Fremdling und Beisasse in einem Land, von dem er glaubte und vertraute, daß Gott es ihm zu eigen geben werde. Hier zeigte er zum erstenmal eine wirkliche Neigung, sich auf Erden ein Heim zu bereiten – und wie gering ist dieses Heim –, nur ein Feld, ein paar Bäume und eine Höhle, in der er seine Toten bestatten kann. Herr, zeige mir, daß ich ein Fremdling sein muß, unbekümmert um irdische Dinge und ohne Bindung an sie — wie Abraham, der ›auf die Stadt wartete, deren Bildner und Baumeister Gott ist‹. Es geschah in der Zeit, als Abraham unter den Hethitern als besitzloser Fremdling lebte, daß diese ihn einen ›Gottesfürsten‹ nannten. Abraham versuchte nicht wie Lot, ein Menschenfürst zu werden, und alle erkannten, daß sein Rang und dessen Erblichkeit (Kennzeichen des Fürsten) nicht von Menschen kamen, sondern von Gott. Ach, daß man Israel genannt würde, Fürst und Streiter Gottes; nicht mehr Jakob mit dem Weltsinn!

Hilf mir, Herr, nicht zu klagen und nicht den Dingen nachzuweinen, die mir einstmals teuer waren, bei denen du mich aber lehrst, daß sie nicht anders sind als Tote (seien es Wünsche, Vergnügungen oder was immer meinem Herzen jetzt noch wert und teuer sein mag), sondern gib mir die Bereitschaft, sie fortzutun aus meinem Blickfeld (Vers 4). Grabstätten sind kostspielig, aber auch ich möchte eine Höhle Machpela besitzen, wo ich Leichname (tote Dinge in meinem Leben) forttun kann.«

Solche Kommentare zu seinen täglichen Lesungen füllten viele Seiten seines Heftes.

Im Laufe dieses Jahres ging Jim von der bisherigen Gewohnheit ab, in seine Bibel Anmerkungen zu schreiben oder Verse zu unterstreichen. Er kaufte sich eine neue Übersetzung, und nach einem Jahr war sie zwar stark zerlesen und von vorn bis hinten voller Eselsohren, aber ohne angestrichene Stellen. Dies Verfahren, fand er, half ihm, ständig nach *neuen* Wahrheiten zu suchen, und es ermöglichte, daß die besonderen Worte, die er brauchte, nicht von einem Rotstift, sondern vom Geiste Gottes unterstrichen wurden.

Wenn er den Text gelesen, überdacht und schriftlich festgehalten hatte, wandte er sich zum Gebet. Er hatte Listen von Menschen, für die er betete, für jeden Tag der Woche eine Liste, und wenn die Zeit des Alleinseins in seinem Zimmer zu knapp war, betete er auf dem Weg zum Frühstücksraum oder mittags, wenn er im Speisesaal an der Essensausgabe anstand. Freie Augenblicke, die sich im Lauf des Tages ergaben, wurden benutzt, um für diese Namen zu beten, oder zum Auswendiglernen von Bibelversen, die er, auf Kärtchen geschrieben, in der Tasche trug. Diese Kärtchen behielt er, bis sie ganz zerfetzt waren, und manchmal brachten sie ihm den Vorwurf ein, er sei ein Eigenbrötler, weil es nämlich Zeiten gab, wo die Kärtchen oder das Notizbuch mit den Gebetslisten den Vorrang vor dem Plaudern mit den anderen hatten.

Jim betete damals viel für die Missionsarbeit.

»Manche wissen nichts von Gott – das sage ich euch zur Schande«, schrieb er mit den Worten des Apostels Paulus. »Sie müssen von ihm hören. Der Herr legt mir schwer die Not der noch unerreichten Millionen Innerasiens auf die Seele. Warum gibt es in der Kirche kein Erwachen? Welch hohe Berufung ist allen denen angeboten, welche beten: ›Sende mich.‹

Unsere jungen Leute gehen ins praktische Berufsleben, weil sie sich zur Missionsarbeit nicht ›gerufen‹ fühlen. Aber wir brauchen keinen Ruf; wir brauchen einen Tritt in den Hintern. Wir müssen endlich daran denken, daß wir ›hingehen‹ müssen; und nicht mehr ständig klagen, daß die anderen ›nicht herkommen‹, nicht in unsere Kirchen gehen. Wer hat Verlangen, in die Eiseskälte einer Eskimohütte zu gehen? Selbst in Gräbern ist keine solche Kälte wie in unseren Kirchen. Möge Gott uns aussenden.«

Er war Mitglied der Studentischen Vereinigung für Äußere Mission und nahm teil an ihren Gebetsversammlungen früh morgens. Am späten Abend, nach der eigentlichen Arbeit, machte er oft noch Liebesgabenpakete für Europa. Doch sein Blick für die Not der Welt umschloß auch die, die direkt vor seiner Türe waren, und Sonntag nachmittags fuhr er nach Chikago hinein und sprach zu denen, die in den großen Bahnhöfen auf ihre Züge warteten, von Christus.

»Keine Frucht bisher«, schrieb er. »Woran liegt es, daß ich so unfruchtbar bin? Nur einen oder zwei, soweit ich mich erinnern kann, habe ich in Gottes Reich geführt. Das ist kein sehr machtvolles Bekunden der Kraft, die uns durch den Auferstandenen verliehen worden ist. Ich fühle mich wie Rahel: ›Schaffe mir Kinder, oder ich sterbe.‹«

In einer Stadt nicht weit von Wheaton gab es eine kleine Gruppe von Christen, die sich nach schlichtem, neutestamentlichem Vorbild regelmäßig trafen. Jim schloß sich ihnen an; er hoffte, er könne ihnen irgendwelche Hilfe bringen. Sein Tagebuch zeigt jedoch, daß er dort eine ähnliche Enttäuschung über sich empfand wie bei seinen Bemühungen auf den Bahnhöfen in Chikago:

»›Welchen ich erwählen werde, dessen Stecken wird grünen.‹ Wenn du mich erwählt hast, Vater, dann sollte ich grünen und blühen und Frucht tragen für dich.«

Sein Wunsch wurde nicht erfüllt, wie es scheint, zum mindesten nicht sichtbar, doch die seelischen Bemühungen, die er machte, trugen wenigstens dazu bei, ihn vor dem zu bewahren, was beim normalen Collegestudenten ein Leben unbeschränkter Selbstsucht ist.

Weil er lernen wollte, wie man für Gott lebt, suchte er Hilfe bei älteren Christen und bat sie zuweilen, mit ihm zu beten. »Hatte Gebetsgemeinschaft mit Bruder Harper«, schrieb er einmal, »und ein Gespräch über die göttlichen Dinge. Ein fruchtbares Erlebnis. Herr, zünde an den toten Reisighaufen meines Lebens, gib, daß ich aufflamme und für dich verbrenne. Verzehre mein Leben, Gott, denn es ist dein. Ich trachte nicht nach einem langen Leben, sondern nach einem erfüllten, gleich dir, Herr Jesus.«

Am 16. April unternahmen Jim und ein paar andere Studenten eine Fahrt als Evangelisationsmannschaft. Bei einer Bahnkreuzung blieb das Auto mitten auf dem Geleise stehen und wurde wenige Sekunden, nachdem sie hinausgesprungen waren, von einem Güterzug zertrümmert. Jim sandte seinen Eltern einen Zeitungsausschnitt und schrieb folgende Bemerkungen dazu:

»Die Einzelheiten stimmen ungefähr, aber Zeitungsleute wissen ja nicht von den dienenden Geistern, die der Weltenherrscher aussendet, daß sie Diener derer seien, welche Erben der Errettung sein sollen. Es machte mich recht nachdenklich, daß der Herr mich hier bewahrt hat. Sicher hat er eine Arbeit irgendwo, in die er mich hineinstellen will. Ach, daß ich das ergreifen möchte, wozu ich selbst ergriffen worden bin!«

So entrann Jim mindestens zum zweitenmal dem Tod durch Unfall — das erste Mal bei einem Gewehrschuß, der durch sein Haar gegangen war — und wurde durch ein paar weitere Jahre hindurchgeführt zu einem Tod ganz anderer Art, der auf seltsame Weise vorausgesagt zu sein scheint in den Worten, die Jim zwei Tage nach dem Unfall in sein Tagebuch schrieb:

»(3. Mose 17, 10) Wer Blut genießt, wider den wird Gott sein Antlitz setzen. So auch bei mir. Wenn ich mein Lebensblut für mich behalten wollte und mich sträubte, es als Opfer hinzugießen — so dem Beispiel meines Herrn zuwiderhandelnd

—, dann würde ich erfahren, daß Gott sein Antlitz unerbittlich gegen meine Pläne setzen würde. Vater, nimm mein Leben, ja mein Blut, wenn du willst, und verzehre es in deinem Feuer. Ich will es nicht behalten, denn es ist nicht mein, daß ich es für mich behielte. Nimm es, Herr, nimm es ganz. Gieß mein Leben aus als eine Opfergabe für die Welt. Blut ist nur von Wert, wenn es vor deinem Altar fließt.«

Das Hochschuljahr war fast zu Ende, als Jim mich eines Tages, zwischen zwei Vorlesungen, in der Halle festhielt. Er drückte mir ein kleines Buch in schwarzem Leder in die Hand. Ich nahm es in mein Zimmer mit und sah, daß es ein Gesangbuch war. Auf das Vorsatzblatt hatte er ein paar Worte geschrieben, einen Bibelvers auf Griechisch, erst in seiner klaren, flüssigen Schrift, dann in kleinen Druckbuchstaben, und darunter stand vermerkt »Lied Nummer 46«. Als ich rasch die Nummer aufschlug, fand ich diesen Text:

Hält etwas mich hier unten fest,
das weg von Dir mein Herze zieht,
so daß es heimlich Deine Näh,
den trauten Umgang mit Dir flieht —
so hilf, daß schnell Dein irrend Kind
in neuer Lieb zu Dir sich find.

Heg ich ein Hoffen, lieb und wert,
das mir Dein Kommen, Herr, verstellt,
das tief im Innern mich mit Macht
will fesseln an die eitle Welt —
so löse mich und mach mich frei,
daß Dich zu schaun mein Höchstes sei!

Dies hungrig Herz füllst Du allein,
stillst alle Sehnsucht in der Brust!
Drum Dein zu warten, bis Du kommst,
bei Dir zu sein, sei meine Lust.
Dir dienen, folgen mehr und mehr
sei meiner Seele voll Begehr!

Erst in den allerletzten Wochen, bevor er mir dies Büchlein gab, war mir der Gedanke gekommen, daß Jim sich für mich interessiere. Jedoch auch wenn ich irgendwelche Hoffnungen gehegt hätte, jetzt war für beide klar, für wen er sich entscheiden mußte. Die Entscheidung mußte heißen: Christus — Christus allein.

Ein paar Tage später machten wir am Abend einen gemeinsamen Spaziergang und sprachen darüber, wie sonderbar die Bahn doch sei, auf die uns Gott geführt hatte. Nur einmal hatten wir uns bisher verabredet – zu einer missionarischen Versammlung in Chikago, ungefähr vier Wochen vorher. Wir waren viel beisammen gewesen zu gemeinsamer Arbeit und Gesprächen, hierin hatten wir eine fruchtbare Freundschaft gesehen, aber keiner von uns hatte zugegeben, daß es vielleicht auch mehr sei. Jetzt gestanden wir die Wahrheit ein – wir liebten uns.

Kaum darauf achtend, in welche Richtung wir gingen, traten wir durch ein offenes Gittertor und fanden uns auf einem Friedhof. Wir setzten uns auf eine Steinplatte, und Jim erklärte, er habe mich Gott dargegeben, ungefähr wie Abraham seinen Sohn Isaak. Ich erschrak – denn genau das gleiche Bild hatte mir seit einigen Tagen immer vorgeschwebt, wenn ich über unsere Beziehung nachgedacht hatte. Wir waren beide einer Ansicht, daß unser Weg von Gott bestimmt wurde. Unser beider Leben gehörte gänzlich ihm, und wenn es ihm gefiele, das »Opfer« anzunehmen und zu brauchen, so wollten wir nicht die Hand darauf legen, um es zurückzuziehen und für uns selber zu behalten. Mehr war nicht dazu zu sagen.

Wir saßen und schwiegen. Plötzlich wurden wir gewahr – in unserem Rücken war der Mond aufgegangen –, daß zwischen uns der Schatten eines großen Steinkreuzes lag.

Das Datum dieses Abends ist in Jims Gesangbuch vermerkt, es steht neben dem folgenden Liedvers:

»Und willst Du wirklich, daß ich nun verzichte
auf jenes Eine, das mir köstlich schien – so nimm es hin!
Es war ja noch nicht mein! – Ich lasse Dir ja nur,
was längst schon Dein! –
Dein Will' gescheh!«

Nach meinem Examen verbrachte Jim die ersten Tage der Sommerferien allein im Hause seiner Tante in Glenn Ellyn, einer kleinen Stadt nicht weit von Wheaton. Während dieser Zeit überdachte er den Entschluß, zu dem ihn Gott geführt hatte. Daß er richtig sei, stand für ihn nicht in Frage, aber welcher Zwiespalt sich in seinem Innern abspielte, davon zeugt der nachstehende Eintrag in seinem Tagebuch:

18. Juni. »Josua 5 und 6. ›Geweihtes Gut‹. Das ist etwas,

was für mich gilt im Hinblick auf Betty. Was uns beide angeht, so ist sie ›geweiht‹ worden — nicht der Vernichtung wie damals Jericho, sondern Gott geweiht, als sein lebendiges Brandopfer. Dem habe ich zwar zugestimmt, indem ich sagte, daß er uns beide ganz zu eigen haben solle, als ›dem Herrn gebannt‹. Aber die verborgene Gefahr lag in dem Behalten von Hoffnungen, von Hoffnungen, daß er mir Betty schließlich doch noch überlassen würde, daß unser Beschluß, unsern Weg zu Gott getrennt zu gehen, später von ihm aufgehoben würde und ich so am Leben bliebe. Aber dann wäre es genauso, als wenn ich sie ihm in Wirklichkeit gar nicht ›geweiht‹ hätte, denn ich hätte mir im geheimen vorbehalten, sie eines Tages für mich selber zu beanspruchen. Und hier kommt nun der Satz: ›. . . hütet euch, von dem gebannten Gut zu nehmen, . . . auf daß ihr nicht ins Unglück stürzt‹ (Vers 18). Ach, wie ähnlich auch hier wieder — verscharrt unter dem Zelt lagen im verborgenen die heimlichen Hoffnungen auf etwas, was ich nicht haben darf, die Sehnsüchte, an denen man sich in einsamen Momenten erwärmt. Doch das Kreuz ist unwiderruflich. Es gibt jetzt kein Zurück mehr, auch kein Auf-halbem-Wege-Stehenbleiben. Ich muß weitergehen, schlafend wie Adam, bis Gott sieht, daß ich eine Gefährtin brauche und sie mir bereitet — falls ich sie tatsächlich brauche. Mach mein Herz ganz fest, Herr, dir zu folgen und nichts anzurühren, was nicht mein ist.«

Am 23. August 1948 fährt das Tagebuch fort: »Ich schreibe im Zug, nachdem ich vorher *Wachstum einer Seele*, das Leben Hudson Taylors, zu Ende gelesen habe. Die vierwöchige Tour ist vorüber, und ich hoffe fest, daß in der Ewigkeit sich zeigen wird, daß die Bemühung Frucht gebracht hat. Noch nie habe ich eine solche Freiheit beim Verkündigen erlebt. Sicher hat die Erhörung und Erfüllung von Gebeten mitgewirkt. Was für ein Gnadengeheimnis, daß Gott mir gestattet, das Schwert zu ergreifen und für ihn zu streiten, obwohl ich noch ein solches Kind bin.

In meinen Gefühlen bin ich lebhaft berührt worden durch die Lektüre von Hudson Taylors Liebessieg. Ich kann die Menschen, auch den gottesfürchtigen Menschen, nicht verstehen. Nachdem er von einer unsichtbaren Macht überwunden ist und willig die unbedingte Herrschaft des einen, absoluten Herrschers anerkennt, so sich selber und die tiefste Sehnsucht seiner Brust befriedigt findend, kann er dennoch in einer wahren Raserei danach lechzen, daß er noch stärker als bisher der Herrschaft einer Frauenliebe unterworfen werde. Vielleicht auch ist es das Verlangen, etwas zu eigen zu besitzen, nachdem er dadurch, daß er Christus als Herrn anerkennt, auf seltsame Weise enteignet worden ist. Und in meinem Inneren empfinde ich genau das gleiche. Ach, daß doch Christus mir alles und volle Genüge wäre. Eigentlich ist er das ja auch . . . Aber daß ich dort hinweggerissen würde von einem Strom verzehrender Liebe zu Jesus, so daß alles Verlangen sublimiert würde zu dem einen Verlangen nach ihm.«

Jim kam am 24. in Portland an, blieb nur ein paar Tage und fuhr dann zu einer Bibelkonferenz nach Kalifornien und von dort zurück nach Wheaton.

SIEHE, WIR WANDERN IM DUNKELN

Ich rief an den Herrn . . .
Er vernahm meine Stimme . . .
Finsternis machte Er zu seiner Hülle . . .
Er errettete mich . . .
Ja, Du erleuchtest meine Leuchte,
Mein Gott macht meine Finsternis licht.

Nach seiner Rückkehr ins College in der zweiten Septemberwoche 1948 berichtete Jim seinen Eltern in einem Brief von der Einschreibung und von seinem neuen Zimmer:

»Belegt habe ich acht Wochenstunden Griechisch (Kirchenväter, Xenophon, Grammatik für Fortgeschrittene, das letztere ist eine fabelhafte Vorlesung mit einem Lehrbuch zu 14 Dollar), Einführung ins Hebräische und zwei Stunden Textkritik.

Ich war sehr froh, daß ich neulich noch nach Hause kommen konnte. Ich kann in Worten wohl kaum ausdrücken, was ich in der Zeit alles gelernt habe, vor allem in dem einen: Christus als Mittelpunkt sowohl der Familie und der Gemeindeversammlung als auch des Einzellebens. Ja, er ist allgenug, er sättigt jede Zelle. Daß wir doch lernten, ihm den Platz zu geben, der ihm zukommt, und ihn herrschen zu lassen . . .

Herzliche Grüße an Euch alle Jim.«

Eine Woche später, als ich nach Kanada fuhr, machte ich ein paar Tage in Wheaton Station — ich hatte mein Studium dort im voraufgegangenen Frühjahr abgeschlossen. Jim und ich waren übereingekommen, uns in den Sommerferien nicht zu schreiben, aber als wir uns im September wiedersahen, wußten wir, daß das dreimonatige Schweigen ein guter Prüfstein gewesen war. Unsere beiderseitige Liebe war gewachsen, aber welches Gottes Pläne darin seien, darüber war uns ein weiteres Zeichen nicht zuteil geworden. Es war so, wie es Jim mit dem Worte von Jesaja aussprach: »Wir harren auf das Licht, aber ach! es bleibt dunkel; wir warten auf Tageshelle, aber siehe, wir wandeln im Dunkeln.«

Eines Abends erlaubte mir Jim, sein erstes Tagebuch zu lesen, ein Heft, das er im Januar 1948 angefangen hatte und das bis zum September jenes Jahres reichte. Zusammen mit dem Tagebuch gab er mir folgende Zeilen:

»Ich glaube, es gibt einiges, was ich zu dieser ganzen Sache sagen sollte. Entschuldige bitte die äußere Form. Keinmal, soweit ich mich erinnern kann, habe ich beim Schreiben an einen etwaigen Leser gedacht, besonders nicht an eine prüfende Durchsicht dieser Eintragungen durch *Dich*, daher wirst Du ungezählte Rechtschreibefehler und eine fürchterliche Zeichensetzung finden, und manche Gedanken sind so schlecht formuliert, daß ihr Sinn wahrscheinlich nicht verständlich ist. Du mußt bedenken, daß mir meistens unmittelbar vorher gelesene Abschnitte der Schrift frisch vor Augen standen und den Eintragungen einen festen Hintergrund geben, den ein anderer beim Lesen nicht hinzufügen kann, außer wenn er jede kleine Bezugsstelle einzeln nachschlägt, und dazu wirst Du nicht Zeit haben, nehme ich an. Trotz der Worte am Anfang, die ich als Vorbemerkung eintrug, nämlich hinsichtlich der Möglichkeit, daß andere dies lesen würden, stelle ich beim Durchsehen fest, daß ich an vielen Stellen ehrlicher gewesen bin, als ich gemeint hatte. Wenn Du dieses Tagebuch gelesen hast, wirst Du mich kennen wie kein anderer. Das meiste ist Herzensschrei eines kleinen Kindes zu einem Vater, den ich mit heißem Bemühen zu erkennen suchte. Anderes ist rein theoretisch und wird Dir keinerlei Gewinn bringen. Du selber hast, möchte ich sagen, in meinen Gedanken eine größere Rolle gespielt, als dieses Heft verrät. Es ist nicht geschrieben als Tagebuchaufzeichnung meiner Erfahrungen und Gefühle, sondern mehr als ›Buch der Erinnerung und Mahnung‹; es sollte mich zwingen, Sehnsüchte in Worte zu fassen, damit ich meinen Bitten eine feste und bestimmte Form geben könne. Hierin habe ich versagt, das weiß ich, aber ich will mich nicht entschuldigen. Nicht alles, um was ich gebetet habe, ist mir zuteil geworden, aber wenn der Herr manche Wünsche nicht erfüllt hat, so hat das nur dazu gedient, mein Verlangen zu vertiefen. Denn er weiß, je ›hungriger‹ man ist, desto mehr lernt man den Wert der Speise schätzen, und wenn mir von den Erfahrungen dieses Jahres nichts anderes geblieben wäre, so hat er in mir einen Hunger nach ihm selbst geschaffen, den ich nie zuvor erlebt habe. Er verheißt Wasser nur den Durstigen, Sättigung den Unbefriedigten (ich sage nicht, den Unzufriedenen), Fülle denen, die da hungert nach Gerechtigkeit. Betty, wir werden ihn sehen von Angesicht zu Angesicht, so nah wie Du und ich uns angesehen haben. ›Den König der Schönheit werden deine Augen erblicken, werden ein weithin offenes Land schauen.‹

Er kennt unsere Liebe, er kann sie selber nachfühlen, und ich glaube, er will nur deshalb unsere Trennung, damit er uns um so besser zu sich selbst ziehen kann. Wir wollen beide, jeder einzeln, beten: ›Zieh mich zu dir, Herr . . .‹ Dann, Betty, werden wir vielleicht eines Tages zueinander sagen dürfen: ›. . . komm, laß uns zu ihm eilen‹, beide gemeinsam.

›Ich will harren auf den Herrn, der sein Antlitz vor dem Hause Jakobs verbirgt, und will auf ihn hoffen‹ (Jesaja 8, 17).

›Auf dich sind unsere Augen gerichtet‹ (2. Chronik 20, 12).«

Von mir hatte Jim seinen Eltern nur sehr wenig erzählt, aber am 26. September schrieb er ihnen folgendes:

»Ich komme gerade von einem längeren Gespräch mit Betty Howard. Ich weiß nicht, was und wieviel ich Euch von ihr geschrieben habe, aber jedenfalls empfinde ich das Zusammensein mit ihr immer als sehr beglückend — und zwar nicht wegen Hübschheit oder gutem Aussehen, auch nicht wegen ungewöhnlich großer Unterhaltungsgabe. Was die beiden ersteren Dinge angeht, so besitzt sie keine sonderlichen Reize. Und das letztere — sie weiß sich zwar gut auszudrücken, aber auch als Gesprächspartnerin ist sie nicht so faszinierend, daß sich daraus ihre Anziehung erklären ließe. Ich wundere mich selber, denn objektiv gesehen, ist eigentlich an ihrem ganzen

Wesen gar nichts, was mein Interesse so sehr auf sie konzentrieren könnte. Dagegen stellen wir immer wieder fest, daß unsere Denkart erstaunlich übereinstimmt, sowohl in tausend Alltagskleinigkeiten als auch bei vielen Gegenständen wesentlicher Art. Dadurch fühle ich mich mit ihr so stark verbunden wie mit wenigen anderen Menschen. Ein ungeheures Gottverlangen lebt in ihr, in mancher Hinsicht vielleicht größer als mein eigenes. Beide spüren wir, daß wir uns in der gleichen Art und Weise füreinander interessieren, wir haben aber etwas Scheu, davon zu sprechen, weil wir fürchten, es könnten Bindungen entstehen, die nicht in unserer Absicht liegen.

Gott weiß selber, daß ich alle diese Dinge, das sogenannte ›Liebesleben‹, schon vor langem ganz in seine Hand gegeben habe, und ich bin gewiß, daß er mir den Weg, den er mir bestimmt hat, schließlich zeigen wird. Ihr Lieben, wenn Ihr je für Jim gebetet habt, so tut es jetzt noch inniger. Ich suche Gottes Willen, ihn allein.«

Als ich nach Kanada abreiste, meinte Jim, wir sollten einen Briefwechsel beginnen. Sein erster Brief an mich trägt das Datum des 2. Oktober 1948 und zeigt, daß seine Zielsetzung die gleiche blieb:

»Es ist schwierig, aus den Nebelflecken, die sich beim Nachdenken über diesen Brief zusammengezogen haben, irgendeinen gescheiten Gedanken herauszuschälen, mit dem ich Dich gleich zu Anfang beeindrucken könnte. Deshalb will ich es gar nicht erst versuchen, sondern so tun, als korrespondierte ich mit Dir schon seit einer ganzen Zeit. Deine Karte habe ich Mittwoch nachmittag bekommen: klug, ungeheuer klug. Ich wünschte, ich hätte einen ›Registrierapparat für Gedanken‹, so daß ich Dir angeben könnte, was in diesen letzten Tagen alles in mir vorgegangen ist. Ich begann mit jenem Wort, über das ich, glaube ich, mit Dir gesprochen habe, als wir am letzten Vormittag zusammen in der Kapelle waren: zittern.

Und weswegen sollte ein Kerl wie ich zittern? Es ist dreierlei: Du, ich und Gott. Ich zittere vor dem Gedanken, daß ich jetzt, wenn ich Dir vorzeitig meine Gefühle darlege, Dein ganzes Leben beeinflusse. Es kommt mir vor, als müßte es für Dich unmöglich sein, Gottes Absichten mit Dir zu erkennen, ohne daß Du Dich jedesmal durch ein ganzes Labyrinth von mich betreffenden Gedanken und Gefühlen hindurchkämpfst. Was wäre, wenn zum Beispiel Dein Gefühl die Übermacht über Deinen Glauben bekäme? Wer wäre dann dafür verantwortlich zu machen? Nicht Du allein. Denn ich fürchte dies: Wenn ich auch nur einen kurzen Augenblick vom Weg des Herrn abweiche, daß ich Dich dann mitziehen würde und dadurch schuld hätte am ›Verlorengehen‹ von zwei Leben.

In mir ist ein Hunger nach Gott, ein Hunger, der mir von ihm gegeben ist und der von ihm gestillt wird. Glücklich kann ich sein, wenn ich spüre, daß er das in mir wirkt, was sein Wille ist. Was mich zittern läßt, ist, daß ich etwas anderes (zum Beispiel Dich), an die Stelle treten lassen könnte, die Gott einnehmen sollte . . . Ich zittere davor, daß ich in irgendeiner Weise den himmlischen Geliebten kränken könnte. Was immer zwischen Dir und mir geschehen mag, laß es uns immer so halten: Wenn er es befiehlt, soll alles rückgängig gemacht werden.«

Auszüge aus seinem Tagebuch zeigen, daß sein Seelenzustand nicht ohne Schwankungen war:

28. September. »›Er hat mich geführt und mich getrieben in Finsternis, nicht in Licht.‹ Ich kann zwar nicht sehen, nicht einmal mit Gewißheit spüren, ob er mit mir zufrieden ist, aber ich kann auch nicht – bloß wegen des Dunkels – daran zweifeln, daß er mich führt. Die Führung ist trotzdem vorhanden, nur geht der Weg zu einem Ort, den ich nicht erwartet oder erbeten habe.«

29. September. »Bin heute morgen aufgewacht mit Gedanken aus Apostelgeschichte 5, über das Zurückbehalten eines Teiles des Verkaufspreises. Ananias und Sapphira wurden nicht erschlagen, weil sie nicht gegeben hätten, sondern weil sie nicht das Ganze gegeben hatten, wie sie behaupteten. Heiliger Geist, verhindere, daß ich dich belüge, nicht Menschen, sondern Gott belüge. Kann ich wissen, was mein Herz mit Betty im Sinn hat? Nein, ich kann es nicht. Du, Vater, kannst es. Enthülle mir mein Inneres, auf daß ich sehe, was du siehst.«

1. Oktober. »Eine Flut von Frieden heute morgen, als ich Gottes Angesicht suchte. ›Er ist gekommen und hat verkündigt Frieden euch, die ihr ferne waret.‹ Herr Jesus, ich danke dir, daß du durch dein Kreuz das Prinzip des Fernseins aufgehoben hast. Du wurdest von Gott verlassen, fortgestoßen, damit du *mich* nahe brächtest. GNADE! Alles Gnade.«

3. Oktober. »Niedergeschlagen und bekümmert wegen meiner Kälte, Unaufrichtigkeit und Fruchtlosigkeit. Ach, wie arm, wie leer fühlte ich mich. Ich bin nicht bereit, den König in seiner Schönheit zu sehen. Ich würde mich schämen, ihm heute abend zu begegnen. Die Worte des Retters kamen voller Zärtlichkeit: Selig sind, die sich geistlich arm fühlen. Wie ist das möglich? Ja, Gott sieht auf das Ende!«

Mit dem Wachsen seiner Liebe zu Christus erfuhr Jim auch das, was so viele andere auch gefunden haben — seine Augen wurden aufgetan für Schönheiten, die er bis dahin nicht gesehen hatte. Im Oktober schrieb er mir:

»Ich wünschte, ich könnte Dir die Farben beschreiben. Vielleicht erinnerst Du Dich an die große Eiche, die ihren Saft aus verborgenen Tiefen holt und in die vom Stamm unglaublich weit entfernten Blätter sendet, um sie prall und fest zu machen. Kalte Nächte haben den Fluß des Saftes verlangsamt, und die kleinen standhaften Schildwachen haben sich zusammengerollt und in Sackleinwand gehüllt. An den Wegrändern jauchzen Sträucher in flammendem Rot. Die ganze Landschaft hat etwas Surrealistisches bekommen; starkes, unversehrtes Grün steht dreist neben verblassendem Orange, Gelb sucht vergeblich zu vermitteln. Und schwarze Stare sind wie Pfefferkörner über brennende Sonnenuntergänge gestreut, die wahrlich keiner Würze mehr bedürften. Ich kann mich nicht erinnern, die Schönheit der herbstlichen Natur so genossen zu haben wie gerade jetzt. Vielleicht bin ich ein wenig bewußter geworden als vorher.«

Um diese Zeit erhielt er von seinen Eltern Antwort auf seinen Brief über mich. »Jim«, schrieb sein Vater, »ich bin besorgt über jede Sache und jeden Menschen, der Dich auf Deinem Weg zu den ewigen Gütern und an einem gänzlich gottgeweihten Leben hindern könnte.«

Jim erwiderte: »Ich wünschte, ich könnte das beschreiben, was mir von meiner Seele noch übriggeblieben ist. Ich glaube fest daran, daß Gott uns lenkt durch Ereignisse. Was Betty betrifft, möchte ich es gar nicht anders haben. Gott hat mir das brennende Verlangen gegeben, in die Mission zu gehen, auch als Junggeselle, daran hat sich nichts geändert. Ich wäre völlig einverstanden — und dies sage ich als Lobpreis seiner großen Gnade —, wenn ich Betty nie mehr wiedersähe. Unsere Gemeinschaft war durchaus förderlich und nützlich. Aber was das Gerede über meine Verheiratung betrifft — darüber kann ich nur bestürzt sein! Ich habe keine klare Weisung, welcher Art die Arbeit ist, die ich tun soll, so daß über die Frage einer Verheiratung noch gar nicht entschieden werden kann. Um Vater mache ich mir Sorgen in dieser Hinsicht. Ich kenne Dein Herz, Padre — es schlägt oft genau wie meines, und Gott hat mich bereit gemacht zum Einsamsein, dank Deiner Fürbitte. Aber können wir nicht ihm das anheimstellen? Er wird uns nicht ohne Zeichen lassen, wenn Scheidewege kommen.«

Und mir gegenüber kam sein Vertrauen auf Gott in einem Brief vom 24. Oktober zum Ausdruck:

»Die Zuversicht von Philipper 1, 6 — ›der in euch angefangen hat das gute Werk, der wird's auch vollführen‹ — befreit mich von aller Besorgnis. Er wird uns nicht im Stich lassen. O, er kann uns unendlich weit auseinander führen, aber sind wir so kindisch zu meinen, daß Gott, der den ungeheuren Plan unserer Erlösung durch Jesus zu entwerfen vermochte, daß dieser gleiche Gott arme Pilger in Situationen führen würde, die sie nicht ertragen können? Glaubst Du, mein Herz, daß er Gebete erhört? Ja, ich glaube es. Also, wird er dann nicht ganz gewiß auch Dein beständiges Flehen erhören, wenn Du bittest: ›Herr, führe mich?‹ Daß Gott uns führt, glaube ich genauso fest, wie daß er uns erlöst hat. Ach, daß er doch nicht so oft zu uns sagen müßte: ›O ihr Kleingläubigen!‹«

Das Tagebuch fährt fort:

26. Oktober. »Betete heute ein merkwürdiges Gebet. Ich schloß mit Gott einen Bund, daß er entweder das eine oder das andere tun solle: entweder sich aufs Äußerste in mir verherrlichen oder mich erschlagen. Er wird mir in seiner Gnade nicht etwas Zweitrangiges zuteil werden lassen. Denn er hat mich erhört, glaube ich, und was ich nun erwarten darf, ist entweder ein Leben als Sohn, der sich opfert (so hat ihn mein Heiland verherrlicht) oder das Himmelreich — bald. Vielleicht morgen! Was für eine Aussicht!«

TAUMELWEIN

Christus ist das Ebenbild des unsichtbaren Gottes . . . Er ist schon dagewesen vor der Schöpfung aller Dinge, und das ganze Weltall wird durch ihn im Dasein erhalten.

Trotz des Arbeitsdrucks durch das Studium fand Jim mittags Zeit, in der Schrift zu lesen. Am 7. November schrieb er nach Hause:

»Geliebte Familie: Wieder ist es Sonntagabend und hohe Zeit, daß ich etwas zu Papier bringe und Euch wissen lasse, welch große Treue der Vater mir auch weiterhin beweist. Ich kann mich nicht erinnern, daß ich jemals so von Kleinarbeit in Anspruch genommen war, und dennoch befinde ich mich in einem glücklichen Zustand innerer Ruhe. ›Die auf den Herrn harren, gewinnen neue Kraft.‹ Natürlich kann ich ihm jetzt nicht so viel dienen, wie ich möchte, aber ich freue mich der bleibenden Kraftquelle in der Gestalt des Heiligen Geistes. In den letzten Wochen habe ich mich in der Mittagszeit viel mit den Psalmen beschäftigt – übrigens würde ich auch Euch sehr empfehlen, daß Ihr anfangt und Euch mittags ein paar Minuten Zeit nehmt für das Zusammensein mit Eurem himmlischen Geliebten, nach dem Vorbild des Mädchens aus dem Hohenlied: ›Tu mir kund: Wo läßt du deine Herde lagern zur Mittagszeit? Denn warum soll als Verschleierte ich erscheinen bei den Herden deiner Genossen?‹ Oft hat die Seele in der Mittagszeit eine Neigung, ›verschleiert‹ zu sein, umwölkt von weltlichen Dingen, eingehüllt in diesseitige Gedanken. Ein paar Minuten vor dem Hirten zu verbringen, der Stille seiner Liebe zu lauschen und ihm den Zustand unserer Seele zu erzählen, auch wenn sie gerade kühl ist, aber dennoch kurze Rechenschaft zu geben durch einfaches Bekennen – für mich ist das ein großer Segen gewesen.

Was mein Kommen an Weihnachten angeht, so werdet Ihr wahrscheinlich nicht verstehen, wieso ich mich verpflichtet fühle, an der Tagung der Studentischen Vereinigung für Äußere Mission hier teilzunehmen. Und ich möchte Euch nicht langwierig die Gründe auseinandersetzen, sondern nur das eine sagen: Ich hoffe, Gott wird die Tagung zu einem starken Anstoß für das Hinausgehen von Missionaren machen und außerdem zu mir sprechen hinsichtlich eines bestimmten Missionsfeldes. Seit einiger Zeit spüre ich in mir einen starken Zug zur Missionsarbeit bei den Mohammedanern, besonders in den noch nicht erreichten Gegenden von Indien. Aber Er weiß darum, und ich warte ab.«

Am 16. November schrieb Jim:

»Ich habe mich gefreut über Deinen Brief, Padre, finde aber,

Du umgehst ganz das Thema, das mich wirklich beschäftigt, nämlich mein eventuelles Hinausgehen aufs Missionsfeld im kommenden Jahr. Das nächste Mal, wenn Dir Erleuchtung kommt, schreib mir doch bitte ein paar Zeilen, wie Du über meinen eventuellen Aufbruch denkst. Und Du, Mutter, laß uns doch nicht mehr diese Reden wiederholen, man müsse zu Hause bleiben und den Leuten von der ›Not‹ erzählen. Das würde die Not nämlich nur noch vergrößern. Es gibt ohnehin schon allzu viele gute Prediger, die Abend für Abend den Leuten vorhalten, wie nötig es sei, die verlorenen Seelen der Heiden zu retten, aber diese Prediger haben die Anforderungen eines opfervollen Dienstes als Außenmissionar nie selbst erfahren. Für mich, habe ich das Gefühl, gibt es keinerlei Berechtigung, einen Körper, wie Du ihn mir gegeben hast, auf Kanzelbrüstungen zu lehnen und verfetten zu lassen. Es gibt viel zu tun, und es sind gelernte Arbeiter nötig, um den Bau Gottes zu vollenden. Gott gebe, daß ich einer von ihnen sei. Kann es eine größere Auszeichnung geben, als dabei mithelfen zu dürfen, daß dem Erlöser eine strahlende Gemeinde dargebracht wird?«

Jim war zum Vorsitzenden der Studentischen Vereinigung für Äußere Mission an unserer Universität ernannt worden (Student Foreign Missions Fellowship — FMF), und dies führte, im Verein mit weiteren außerlehrplanmäßigen Tätigkeiten, zu einem sehr umfangreichen Arbeitspensum, das er in einem Brief an mich kurz beschrieb:

20. November. »›Sie bestellen mich zur Hüterin der Weinberge, aber meinen eigenen Weinberg habe ich nicht gehütet.‹ So die Braut im Hohenlied. Wie sehr ich dies täglich erfahre, kann nur verstehen, wer Verantwortung kennt. Du wirst fragen, worum es denn geht? Nachfolgend einige typische Beispiele: FMF-Team am Aurora-College (drei Zusammenkünfte — Programmbesprechung und Gebetsgemeinschaft); vollkommene Neuordnung der FMF-Literatur, Pläne für Ankündigung eines neuen praktischen Missionskurses unter Professor Windsor und Dr. Martin; Sonntag abend mit dem Evangelisationsteam zur Baptistengemeinde in Chikago; Montag abend Studentenrat-Versammlung, Dienstag Zusammenkunft der Gebetsgruppenleiter und des Wohlfahrtsausschusses; Mittwoch FMF; Donnerstag Kirchenversammlung und Fahrt mit dem Studentenrat zum North-Central-College; Freitag FMF-Gebetsgemeinschaft, dann Versendung von 800 Bücherpaketen an Missionare in einem Laden, das dauerte bis nachts halb zwölf, und sie sind noch nicht frankiert! Na ja, ich denke, Du kannst dir ungefähr ein Bild machen. Ein Joch ist ein gutes Ding für einen jungen Menschen, wie es in den Klageliedern 3, 27 heißt, gut für seinen Nacken und seine Willenskraft, aber drückend für einen eifernden Geist. Besonders wo ich mich aufs Examen vorbereite und es keine einzige Vorlesung gibt, bei der ich sagen könnte: ›Na ja, *den* Stoff beherrsche ich.‹«

Und in einem Brief an seine Eltern kommentierte er seine Lage wie folgt:

»Nicht, daß die Arbeit mir keine Freude machte oder daß ich mich über meine Verpflichtungen beklagen würde — aber ich fürchte, mein Herz wird zum Schrumpfen und Erkalten gebracht, während mein Kopf erweitert und erhitzt wird! Wahrscheinlich muß man die gleichen Kämpfe auch sonst überall bestehen, aber was ich mir erträume, ist etwas weniger *Aktivität* und etwas mehr produktive Tätigkeit — solche, die weiter führt als nur bis zu jenem Stück Pergament, das mich zum Bachelor of Arts machen wird.

Entmutigung ist ein Werkzeug des Satans, das zu meiner Veranlagung zu passen scheint, und der Feind weiß das. Wenn ich mir die Arbeit in der Versammlung ansehe und mir klarmache, daß ich jetzt seit nahezu vier Jahren dort bin und kein einziges Mal erlebt habe, daß eine Seele zu Christus geführt wurde, dann wächst in mir die Neigung, die Flinte ins Korn zu werfen und alles sein zu lassen. Eine Evangelisationsversammlung nach der anderen ohne einen einzigen fremden Gast — und was noch schlimmer ist, keiner der Heiligen scheint darüber sehr besorgt zu sein. Nun, alle meine Zweifel und Ängste (Angeln, in denen sich die Tore der Hölle drehen) können ihn nicht von seinem Thron stoßen noch ihn daran hindern, seine Gemeinde zu bauen.«

Das Tagebuch fährt fort:

24. November. »Was mich aufregt und wogegen sich mein Inneres sträubt, sind die enormen, unerklärlichen Kompliziertheiten des Menschen und die achtlose, wirkungslose Art, mit der wir törichten ›Fundamentalisten‹ auf das Schreien von Herzen antworten, die sich nicht verstehen. Ich weiß nicht, was der Prediger Salomon gemeint hat, wenn er sagt: ›Gott hat den Menschen die Welt ins Herz gelegt‹, aber das Wort ließe sich anwenden auf das, was ich zur Zeit empfinde. Die Welt mit ihrem ungeheuren Lärm kleiner Einzelheiten ist in unserem Innern! Die Zeit mit ihrem Sturm; der Raum mit seiner scheinbaren Unendlichkeit, die Veränderlichkeit und Ungreifbarkeit der psychologischen und physiologischen Faktoren — und vieles andere. Was kann alle diese Dinge zu einem Sinnzusammenhang verknüpfen? Bestimmt nicht unsere kleinen Kirchgänge noch das Lernen von Lehrmeinungen. Ich würde wahrhaftig verzweifeln, wenn es nicht so etwas gäbe wie dies: ›Er ist schon dagewesen vor der Schöpfung aller Dinge, und das ganze Weltall wird durch ihn im Dasein erhalten.‹«

Am 27. November schrieb mir Jim von einem Gespräch, das er am Erntedanktag mit einem anderen Studenten gehabt hatte:

»Er war drauf und dran, das Christentum über Bord zu werfen und Modernist zu werden, entsetzlich verwirrt, weil er sah, wieviel Unchristliches als christlich hingestellt wird. Vorigen Dienstag lief ich ihm zufällig in die Arme, und da ich so manches von seinem Kummer in mir selber verspürte, verabredete ich für gestern ein Gespräch mit ihm. Er meint jetzt, er und ich seien die einzigen Ketzer hier, und freut sich, einen so Liberalen wie mich gefunden zu haben, der glaubt, daß ein Mensch, wenn er in die Familie Gottes eintritt, dies nicht mit einem einzigen Ruck und lautem Gejauchze zu tun braucht. Ich selber war auch nicht auf einen Schlag ›gerettet‹, bei mir hat es mehrere Jahre gedauert, bis ich zu meinen jetzigen festen Überzeugungen von der Wahrheit Gottes kam. Warum sollte ich also verlangen, daß bei anderen die Bekehrung sich in einem einzigen Augenblick vollzieht? Christus heilte Menschen auf ganz verschiedene Weise. Manche *in absentia* — er sprach ein Wort, und es erfolgte eine blitzartige Reaktion. Andere berührte er, spie, machte Teig, sprach zu ihnen und fragte sie, und dann, wenn sie sagten: ›Ich sehe Menschen gehen, als sähe ich Bäume‹, wiederholte er das ganze Verfahren noch einmal. Wer das Licht angenommen hat in einem Augenblick, soll nicht auf den heruntersehen, der Monate im Dunkel tastet. Die Zwölfe brauchten drei Jahre, um das zu erfassen, was ihnen gezeigt wurde. Das Natürliche, das so oft das Geistliche anschaulich macht, lehrt, daß Heilung und

Wachstum, ja sogar die Geburt, Zeit erfordernde Vorgänge sind; wir, die wir die Leute nach Versammlungen und Gottesdiensten drängen, vorzukommen und sich für Christus zu entscheiden, wir mit unserer ungeduldigen Erwartung von ›sichtbaren‹ Resultaten bewirken, glaube ich, häufig Fehlgeburten.«

Am 4. Dezember fährt das Tagebuch fort: »Was würde aus unserem Leben, wenn der Heilige Geist uns nicht in Schranken hielte! Du hast wohl daran getan, mein Gott, daß du mich in deinen Griff genommen hast. Ich würde diese Welt durch meine Leidenschaft in Brand stecken, wenn du mich nicht beherrschtest. Und selbst jetzt zittere ich davor, ich könnte, indem ich diesen Dingen erliege, öffentlich sündigen und deinem großen Namen Schande machen. Höre, meine Seele: ›In Zeiten, da mir angst ist, vertraue ich auf dich. Ich fürchte mich nicht; was können Menschen mir antun?‹ ›Du hast meine Seele vom Tode errettet. Wirst du nicht auch meine Füße vor dem Straucheln bewahren?‹«

5. Dezember. »Heute morgen starkes Gefühl von Nutzlosigkeit. Freude durch Gebet; ich bat nicht so sehr um Hinaussendung von Arbeitern, als daß ihre Herzen zubereitet werden und sie Christus erkennen lernen. Was für eine erbärmliche, schäbige Sache ist das Christentum allmählich geworden mit seiner Verherrlichung von Menschen und irdischen Gütern, von sozialer Stellung und Menschenmassen – o Herr, errette mich von dem Geist dieses ungläubigen Geschlechts. Wie sehr würde ich mich danach sehnen, die Schlichtheit und kraftvolle Schönheit neutestamentlicher Gemeinschaft wieder aufleben zu sehen, aber ein solches Verlangen scheint hier niemand zu haben, also muß ich warten. Ach, laß mich *dich* erkennen, Herr – laß mich dich schauen, nur einen kurzen Augenblick, wie du thronst in der Herrlichkeit, laß mich darin Ruhe finden trotz all des Verkehrten, das mich hier umbrandet. Ich bitte dich, führe mich auf den rechten Pfad.«

Am gleichen Tag schrieb Jim:

»Liebste Familie: Ich war sehr erfreut, daß ich diese Woche zwei Briefe erhielt, von Vater und Bob, mit Deinen beigefügten Zeilen, Mutter. Es ist eine rechte Freude zu wissen, daß Eure Gebete hinter mir stehen. Seid versichert, daß auch ich an jeden von Euch denke . . . Und Deine Sorge, Bob: Auf den Herrn zu warten, daß er uns in seine Ernte sendet – wie inständig hoffe ich, daß wir einer solchen Berufung für wert erachtet werden . . . Mach Dir keine Sorge, Bob, Du würdest durch Tropenkrankheiten vorzeitig hinweggerafft werden – wie Dein ganzes Leben, so ist auch die Dauer Deines Lebens in Gottes Hand. Denke daran: Gott läßt dich nicht sterben, ehe Dein Werk getan ist. Aber laß nicht den Sand der Zeit in Deine Augen kommen, so daß sie nicht mehr die sehen, die noch in der Finsternis sitzen. Sie *müssen* die Botschaft hören. Ehefrauen, Familie, Beruf, Erziehung, alles muß lernen, sich dieser Regel zu unterwerfen: ›Laß die Toten ihre Toten begraben; du aber gehe hin und verkündige das Reich Gottes.‹«

8. Dezember (aus dem Tagebuch). »›Du hast mir Taumelwein zu trinken gegeben.‹ Ich bin merkwürdig erregt. Wovon? Wahrscheinlich sind es nur die natürlichen Kräfte des Lebens. Ich fühle mich ›ausgegossen‹ über viele verschiedene Interessen, ich habe ein intensives Verlangen, die Dinge zu tun, und so wenig Kraft und Zeit, sie auszuführen. Ringen zum Beispiel: Liebend gerne würde ich in diesem Augenblick jetzt auf der Matte stehen, weniger um gesehen zu werden als einfach um meine Kräfte zu gebrauchen, um alles aus mir herauszuholen. Und dabei knie ich hier, nachmittags um viertel vor drei, und schreibe! Hebräisch: Am liebsten würde ich mir jetzt eine Seite aus dem hebräischen Alten Testament vornehmen und vom Blatt lesen. Das Griechische verliert viel von seinem Reiz, wenn man andere alte Sprachen kennenlernt. Betty: Bekam soeben einen Brief von ihr, hätte großes Verlangen, mit ihr zusammen zu sein oder wenigstens mich hinzusetzen und ihr zu schreiben. Leib, Seele und Geist sind also recht wach, und trotzdem spüre ich keinerlei Lust zu studieren. Vielleicht ist das der ›Taumelwein‹? Vater, gib, daß ich mich nicht zersplittere und vergeude in Nebensächlichkeiten, in Dinge, die unwesentlich sind. Laß dein Wort in Kraft auf mich wirken; sublimiere diese mächtigen Triebkräfte, laß sie mir dienen zum Tun deines Willens. Mehr als nach allen jenen Dingen verlangt mich nach Heiligung. Lehre mich den Weg des Glaubens.«

»Deine Zeilen«, heißt es in einem Brief an mich vom 9. Dezember, »habe ich gestern erhalten – ich muß gestehen, daß das Warten Ängste und sogar Zweifel in mir hervorgerufen hatte! Salomo, glaube ich, sagt irgendwo: ›Lange hingezogene Hoffnung macht das Herz krank‹, und vielleicht ist dies der Grund dafür, daß meine Stimmung in der vergangenen Woche schon schwankend war. Manchmal jubelnd und geschwätzig, voller Verlangen, Ringkämpfe zu machen und die Luft des Trainingsraums zu atmen, dann wieder ›untätig und schwermütig‹ (Wordsworths ›Daffodils‹, glaube ich), große Lust, Hebräisch zu lesen, aber wenig Energie zu konsequentem Lernen. Freude und Zuversicht, dann Verbitterung über alle möglichen Dinge. Hatte richtiggehende Sehnsucht nach Vater und Mutter und nach Befreiung von all den Verpflichtungen hier. Und dennoch, als ich gestern abend im Bett lag, im Dunkeln, die Decke bis ans Kinn gezogen, fühlte ich mich meinem Erlöser so nahe wie je, und ich konnte stille Gemeinschaft mit ihm haben. Ich glaube, in solchen Dingen zeigt sich das Aufwachsen jener zweiten Art von Glauben, von der der bekannte Satz von Spurgeon spricht: ›Wenig Glauben bringt die Seele zum Himmel, viel Glauben bringt den Himmel zur Seele.‹«

Aus einem Brief Jims vom 18. Dezember an seine Familie:

»›Und die Wirkung der Gerechtigkeit wird Friede sein, und das Ergebnis der Gerechtigkeit Ruhe und Sicherheit für immer.‹ ›Im Stillesein und Vertrauen besteht eure Kraft.‹ Ich glaube, der Teufel hat drei Elemente zu seinem Monopol gemacht: Lärm, Hast, Massen. Wenn er uns dazu bringen kann, ständig Radio, Klatsch, Gespräche oder sogar Predigten anzuhören, freut er sich. Aber Ruhe möchte er nicht zulassen. Denn er schenkt Jesaja Glauben, auch wo wir es nicht tun. Der Satan weiß sehr genau, welche Kraft in der Stille liegt. Die Stimme Gottes ist zwar beharrlich, aber leise . . . Deinen Ratschlag, Mutter, daß ich genug schlafen soll, finde ich sehr zweckmäßig. Nicht nur um leistungsfähig zu sein und sich entspannen zu können, sondern auch wegen der Aufnahmefähigkeit für geistliche Dinge muß man ausgeruht sein, sonst liegt auf unserem Tun kein Segen. Laßt uns dem Teufel hierin widerstehen — laßt uns Lärm vermeiden, soviel es eben geht, und planmäßig danach streben, immer wieder längere oder kürzere Zeit allein zu sein und uns in Gottes Wort *ins eigene Angesicht zu sehen* . . . Der Satan weiß, wo wir unsere Stärke herbekommen. Wir wollen uns diese Kraftquelle nicht von ihm rauben lassen!«

Das Tagebuch fährt am 22. Dezember fort:

»Ich spüre einen tiefinneren Drang, mich über den Sumpf von Mittelmäßigkeit zu erheben, der meine Tage zu charakterisieren scheint. Vater, wenn diese starken inneren Ströme fleischlicher Natur sind, bringe sie zum Versiegen und vernichte sie. Aber wenn sie sublimiert werden können, in Kanäle geleitet, wo sie Dienst für dich tun, dann verstärke sie, setze sie in Bewegung, gib ihnen Richtung. Denn ich sehne mich danach (und du weißt, wie inständig und aufrichtig), daß die Braut deines teuren Sohnes vollkommen gemacht werde und vollzählig. Ja, Herr, auch wenn ich meine Braut in diesem irdischen Leben verlieren müßte, laß mir deine Gnade und Kraft zuteil werden, daß ich dem Lamm den Lohn seiner Leiden darbringe. Wenn dein teures Haus voller würde, Herr, und müßte mein eigenes hier auf Erden dadurch auch leerer werden, wie reich wäre dieser Lohn!«

»Ich hoffe zuversichtlich«, schrieb er mir am gleichen Tag, »daß der ›Quell himmlischer Fröhlichkeit‹ einen aufnahmebereiten Boden für die Fülle seiner Regenschauer in Dir finden wird. Amy Carmichael spricht irgendwo von kleinen Freuden, die wie Blumen am Wegrand hervorsprießen, nur von denen bemerkt, die nach ihnen ausschauen. So habe ich es erfahren seit meinem letzten Brief — kleine Dinge, etwa eine still versinkende Sonne, ein freundlicher Hund, ein bereitwilliges Lächeln.

Ich bin tief durchdrungen von der Freude, die wir in Christus haben, durch die Himmel und Erde heller und schöner werden, wenn wir uns an unseren Besitztümern nur richtig erfreuen würden.

Diese Woche habe ich öfters an die Weihnachtszeit des vorigen Jahres zurückgedacht — wie wir in der einen Nacht in Philadelphia Schlitten fuhren und uns jedesmal, wenn unsere Wege sich kreuzten, ›Bruder‹ und ›Schwester‹ nannten. Und nicht nur der Ferien wegen kommen mir die nächtlichen Gespräche wieder in den Sinn, die wir in der Küche und im Wohnzimmer in Birdsong führten. Den ganzen Sommer habe ich über jene Zeiten nachgegrübelt, und oft mußte ich eine innere Kehrtwendung machen und mir das Predigerwort ›Eitelkeit der Eitelkeiten‹ vorsagen. So gern ich in Erinnerungen schwelge, ich muß doch feststellen, daß unsere Meditations- und Konzentrationsfähigkeit dadurch sehr beeinträchtigt wird. Aber die Erinnerung läßt unablässig kleine Wellen auf den Strand des momentanen Bewußtseins plätschern, und man muß den Blick immer wieder neu auf Christus richten; wenn wir unser Herz auf ein einziges Ziel konzentrieren, machen wir es fest und widerstandsfähig.

Jetzt wird unentwegt von Weihnachten gesprochen — eine unheimlich aufgebauschte Angelegenheit, Konglomerat aus Lichterglanz, Weihnachtsmännern, Goldpapier und magerem Tannengrün; wirre Menschenhaufen, angeregt durch Geschäfte, ›sich abmühend für Wind‹, ›Stille Nacht‹ singend — aber was wissen sie von Immanuel? Wie können sie den Gott verstehen, der einst in Windeln gewickelt wurde? Wie lange noch, Herr, bis sie die Knie beugen werden?«

SCHAFE — FÜR DEN ALTAR BESTIMMT

Er ließ sein Volk ausziehen wie Schafe und leitete sie in der Wüste wie eine Herde und führte sie sicher, so daß sie nicht bangten.

Das Ende des Jahres 1948 fand Jim als Teilnehmer der Internationalen Studentischen Missionskonferenz an der Universität von Illinois.

Er schrieb mir von der Bedeutung, die die Konferenz für ihn persönlich hatte:

»Gott hat an mir getan, was ich von ihm in dieser Woche erhofft hatte. Vor allem wollte ich inneren Frieden und Gewißheit darüber, ob ich als Pionier zu den Indianern gehen soll. Wenn ich jetzt meine Gefühle analysiere, kann ich mit ziemlicher Beruhigung sagen, daß die allgemeine Zielrichtung meiner missionarischen Arbeit der südamerikanische Urwald ist. Außerdem bin ich zu der Überzeugung gekommen, daß es Gottes Wille ist, daß ich die Arbeit im Urwald als Lediger beginne. Daß so wichtige Fragen im Lauf einer Woche geklärt werden konnten, ist für mich ein recht ansehnliches Ergebnis.«

Am 18. Januar schrieb er weiter:

»Die Entscheidung kam mir dadurch, daß ich einen Mann aus dem Innern Brasiliens kennenlernte, der dort eine ähnliche Arbeit getan hat wie die, zu der ich mich befähigt fühle. Er sagte, bei den Verhältnissen, unter denen er dort arbeite, sei es unmöglich, eine Ehe zu führen. Das war alles — keine Stimmen, keine Bibelstellen, nur der Friede, der über die verwirrte Seele kommt, wenn eine lange erwartete Entscheidung endlich fällt. Ich will damit *nicht* sagen, Gott wiese mich zu einem ehelosen Leben. *Ich weiß nur, was ich für den gegenwärtigen Augenblick wissen muß*, und das ist folgendes: Gott will nicht, daß ich mir eine Frau suche, bevor ich nicht ein deutliches Zeichen von ihm bekomme. Und allem Anschein nach besteht zunächst kein Grund, dieses Zeichen zu erwarten.

Laß mich Dir eine Geschichte erzählen. Als ich im Januar vorigen Jahres von Birdsong zurückkam, war in mir eine starke Zuneigung zu dem jungen Mädchen aufgewachsen, das Du besser kennst als irgend jemand sonst. Bei einer Selbstprüfung, die ich im Hinblick auf die Frage gehalten hatte, wie Gott diejenigen gebraucht, die sich um des Himmelreichs willen zu Eunuchen gemacht haben, entschied ich, daß niemand von meiner Verbundenheit mit jenem Mädchen etwas wissen solle, auch wenn alle sehen konnten, daß wir viel zusammen waren. Ich kann mich noch erinnern, daß ich dem Herrn bekannte, was ich ›meine Liebe zu ihr‹ nannte, und daß ich jeden Tag mich bemühte, zu vergessen und alles in mich hineinzuschlucken. Damals, als ich beschloß zu schweigen, kam es mir vor, als habe ich den ganzen Lauf meines Lebens festgelegt, und ich muß gestehen, ich fühlte mich ein bißchen als Märtyrer. Da kam dieses Lied auf mich zu:

Warum so ängstlich sorgen? Du führst mich an der Hand.
Mein Heute und mein Morgen sind Dir ja längst bekannt.
Hab ich das Kreuz genommen, und werden folgen mir
Spott, Einsamkeit und Leiden! – Nichts trennt mich, Herr, von Dir.

Und in meinem Liederbuch ist am Rand dieser Vers mit Blaustift angestrichen, und daneben steht das angegebene Datum.

Liebste Betty, im Namen dessen, der unser treuer Freund ist, lege ich Dir ans Herz: allen Wankelmut, alle Verwirrung und Verwunderung tu von Dir. Du weißt, daß auf dem Weg, den Du eingeschlagen hast, das *Kreuz* steht. Überwinde alles im Vertrauen auf Dein Einssein mit Jesus. ›Um die Freude zu erringen, die ihn als Siegespreis erwartete, hat er des Kreuzes Pein erduldet.‹ Wenn Du auf ihn blickst, wird der Gedanke an diese einstige Freude auch Dir Kraft und Trost geben in allen Prüfungen, Verfolgungen und Einsamkeiten. ›Der Herr hat uns gemacht zu Schafen seiner Weide. Gehet zu seinen Toren ein mit Danken, zu seinen Vorhöfen mit Loben.‹ Wozu gehen

Schafe durch die Tore? Was ist ihr Ziel, wenn sie in die Vorhöfe eintreten? Melodisch zu blöken und die Gemeinsamkeit der Herde zu genießen? Nein, jene Schafe waren für den *Altar* bestimmt. Das Weiden hatte nur den einen Zweck gehabt, sie zu erproben und zu mästen für das Blutopfer. Sage ihm also Dank, daß Du für würdig erfunden worden bist für seine Altäre. Gehe ein und beginne das Werk mit Loben.«

Dieser Brief ließ die alte Befürchtung wieder in mir aufleben, daß Jim durch mich von dem Weg, den Gott ihm bestimmt hatte, abgelenkt werden könne. Deshalb schrieb ich ihm und fragte ihn, ob er gewiß sei, daß wir recht daran täten, wenn wir unseren Briefwechsel fortsetzten. Er war dessen gewiß.

GETRIEBEN VON GOTT

Mein Kind, gehorche der Zucht deines Vaters, und verlaß nicht das Gebot deiner Mutter. Denn solches ist ein schöner Schmuck deinem Haupt und eine Kette an deinem Halse.

Jims Plan, in den Westen zu fahren zur Hochzeit seines Bruders Bert, rückte in den Bereich der Möglichkeit, als seine Professoren sich Anfang Januar damit einverstanden erklärten, daß er seine Abschlußprüfung an einem frühen Termin machte. Auf die Nachricht hin sandten ihm die Eltern Reisegeld und baten ihn zu kommen. Er erwiderte:

»Wenn ich komme, darf ich dann als Vorbedingung einen dringenden Wunsch äußern? Nämlich, daß Ihr für die Tage vor der Hochzeit keinerlei Einladungen zum Essen plant – weder wir bei anderen noch andere bei uns. Ich möchte, wenn es geht, eine Zeit wirklicher Stille mit Euch allen haben. Da dies vielleicht das letzte Familienbeisammensein in diesem Leben sein wird, finde ich, wir sollten es in ganz besonderer Weise *familiär* machen, so daß wir reichlich Zeit für gemeinsames Beten und Bibellesen haben. Wenn es eine Woche mit geselligem Betrieb wird, komme ich lieber nicht. Das kann ich hier im College haben. Versprecht Ihr es?«

Er fuhr nach Hause, und wie er es vorausgesagt hatte, wurde es tatsächlich das letzte Familientreffen für die Elliots. Jim war vor allem viel mit seinem Vater zusammen und schrieb mir davon in einem Brief:

»Betty, ich schäme mich, wenn ich an manche Dinge denke, die ich gesagt habe, als wüßte ich etwas davon, was die Schrift lehrt. Ich weiß nichts. Vaters Religion ist von einer Art, wie ich sie nirgends sonst erlebt habe. Seine Theologie ist völlig unentwickelt, aber sie ist etwas derart Wirkliches und Praktisches, daß sie jedes lehrmäßige ›System‹ zerschlägt. Er kann nicht definieren, was Theismus ist, aber er kennt Gott. Wir haben viele glückliche Stunden gehabt, und ich kann gar nicht abschätzen, welche Bereicherung es für mich wäre, wenn ich ein paar Monate mit ihm zusammen arbeiten könnte, sowohl praktisch wie geistlich.«

Auf die Beratung durch seinen Vater geht sicherlich der folgende Tagebucheintrag zurück:

31. Januar. »Man übergibt sein Leben nicht in einem Augenblick. Was sich über ein ganzes Leben erstreckt, kann auch nur im Laufe eines ganzen Lebens übergeben werden. Auch bewirkt die Übergabe an den Willen Gottes nicht *per se* das Erfülltsein mit der Kraft in Christus. Das Reifwerden braucht Jahre, und dem Willen Gottes kann ich mich nur unterwerfen, wenn ich weiß, worin dieser Wille besteht. Das Erfülltsein vom Geist geschieht daher nicht schlagartig, sondern allmählich, nämlich in dem Maße, wie ich erfüllt werde vom Wort, durch welches mir der Wille offenbart wird.

Wenn die Menschen vom Geist erfüllt wären, würden sie nicht Bücher schreiben über ihn, sondern über die Person, die, uns zu offenbaren, der Geist gekommen ist. Gottes Ziel ist, daß wir uns mit *Christus* befassen.«

Jim blieb eine Woche in Portland, dann verabschiedete er sich von Bert und seiner jungen Frau, die bald darauf die Vereinigten Staaten verlassen sollten, um nach Peru zu gehen. Der Abschied von zu Hause fiel ihm diesmal ziemlich schwer.

In Wheaton begann er sein letztes Collegesemester. In sein Tagebuch schrieb er am Tag seiner Rückkehr:

»Aus meiner Notiz von vor einem Jahr ersehe ich, wie ich mich damals nach einer Zeit sehnte, wo ich all mein Versagen würde vergessen dürfen. In dieser Hinsicht hat mir Psalm 107 inzwischen viel inneren Frieden gebracht. Gerade heute mußte ich daran denken, wie Gott mich liebt trotz aller meiner Sünde, und daß er uns verheißen hat, uns in den ›ersehnten Hafen‹ zu bringen. Und er wird's auch vollführen. Was brauche ich mich dann zu sorgen, daß der alte Adam noch immer in mir lebt?

Daß der Stolz mich aufbläht? Daß sich Begierde in mir regt? Die völlige Liebe treibt die Furcht aus, und wenn ich weiß, daß er mich trotz jener Untugenden liebt, dann schrumpfen sie zusammen und scheinen kaum noch wert zu sein, daß man darüber nachdenkt. Ich weiß um sie. Gott weiß um sie. Ich bekenne sie. Er vergibt sie. Ach, daß ich ihn gebührend preisen möchte!«

NEUE FREIHEIT

Darum rühme sich niemand eines Menschen; alles ist euer . . . Ihr aber seid Christi, Christus aber ist Gottes.

Seit seinen Schultagen hatte Jim sein Verhalten – und wahrscheinlich auch das Verhalten anderer – nach dem beurteilt, was er seinen »Verbotskodex« nannte. Gegen Ende seines letzten Semesters kam er zu der Einsicht, daß dies im Widerspruch zur Lehre des Apostels Paulus stand. Außerdem schied es ihn von einem Teil der Studentenschaft, den er kennenlernen wollte.

Paulus sagt: »Der eine ist überzeugt, daß er alles essen darf, während der Schwache nur von Pflanzenkost lebt. Wer alles ißt, verachte den nicht, der nicht alles ißt; und wer nicht alles ißt, soll über den, der alles ißt, nicht zu Gericht sitzen, denn Gott hat auch ihn angenommen. Wer bist du denn, daß du den Diener eines anderen richten willst, besonders wenn dieser andere Gott ist? . . . Wir alle werden einst gerichtet werden, nicht nach den Maßstäben unserer Mitmenschen noch nach unseren eigenen, sondern nach dem Maßstab Christi.«

Auf Grund seines neuen Verständnisses dieser Grundsätze ließ Jim manche der alten Verbote, von denen er bisher gemeint hatte, sie seien für die Heiligung unerläßlich, nun fallen. Zwar wandte er die Lehren der Bibel, wie er später erkannte, nicht immer richtig an, aber er begann jetzt, mit einer neuen Freiheit an mancherlei Veranstaltungen teilzunehmen, von denen er sich früher ferngehalten hatte. Hierzu gehörte auch eine Reihe von bunten Abenden.

Am 19. März schrieb er:

»Am Dienstag war der ›Centennial Day‹ des Jahrgangs 1949 und außerdem unser alljährlicher ›Reverse Day‹, wo die

Rollen der Geschlechter vertauscht werden und bei Verabredungen die Mädchen die Männer auffordern, ihnen an der Tür den Vortritt lassen und überhaupt die Kavaliere spielen. Sie waren mit ihren Reifröcken, Tournüren, Spitzen und aufgesteckten Haaren bedeutend interessanter als die Männer. Eines von den Mädchen forderte mich auf, mit ihr das Basketballspiel der Professoren gegen die Studenten anzusehen. Ich ging zu Onkel Earl und lieh mir von ihm Gamaschen, Zylinder, steifen Kragen und schwarze Krawatte, dann holte ich mir einen alten Gehrock mit Schößen und einen Spazierstock (der zu einem Dandykostüm gehörte, mit geschnitztem Hundekopf und eingebauter Gewehrkammer) und verkleidete mich so als eleganter Stutzer. Mit großem Schwung und lautem ›Heil 49‹ erschien ich dann auf der Bildfläche. Das ganze College, vom ersten bis zum letzten Mann, war in einer derart heiteren und ausgelassenen Stimmung, wie ich es in meinen kühnsten Träumen nie erwartet hätte. Während der Pause in der Halbzeit wurden von den Professoren allerhand satirische Spottreden gehalten, und wir alle lachten uns halbtot. Merkwürdig, in den ganzen vier Jahren habe ich nie erlebt, daß das ganze College so zu einer Einheit wurde. Ich bekam eine Krawatte, neben etwa zwanzig anderen Getreuen, für dreiwöchiges Durchhalten beim Bartwachsenlassen.«

Das Tagebuch berichtet weiter:

14. April. »Die Kameradschaft mit der fidelen Clique ist verlockend und sehr amüsant, aber heute abend merke ich, daß meine Seele dadurch ziemlich abgelenkt wird und von Erregungen erfüllt ist. Es ist nichts Schlimmes – aber eben auch nichts Gutes. Fast ständig klingen mir die alten Volkslieder in den Ohren. Ein merkwürdiger Bereich, diese meine Seele. Sie ist, glaube ich, nicht so sehr Person als vielmehr neutraler Ort. Sie hallt von allem wider, was in sie eindringt, seien es erhabene Gedanken an den thronenden Christus oder nichtige Verse irgendeines Dichters. Der Seele ist es anscheinend gleichgültig, womit man sie beschäftigt, es kommt ihr nur darauf an, *daß* man sie beschäftigt. Hinsichtlich der Auswahl verhält sie sich passiv. Ich wähle, und die Seele nimmt es auf und antwortet – mit klingendem Lachen, Emotion oder Anbetung. Die Seele ist Werkzeug, nicht Wille, sie muß gelenkt werden. An sich hat sie mit Moral nichts zu tun, so wenig wie ein Bett, aber Betten können zum Ort unrechtmäßigen Tuns werden.

Du Sohn Gottes, der du das Verborgene in mir erforschst und kennst – reinige mein Inneres, heilige meine Seele. Die Wahl ist mein, sprichst du? O ja, die Wahl ist mein.«

Ende Mai fand der alljährliche »Senior Sneak« statt, eine traditionelle Wochenendfreizeit der Angehörigen des Schlußsemesters, bei der es äußerlich sehr zwanglos zuging. Im Jahr vorher hätte Jim sich wahrscheinlich nicht erlaubt, an einem solchen Ausflug teilzunehmen, aber wie er mir schrieb, hatten seine Auffassungen sich geändert:

»Im letzten Vierteljahr kam es zu einer Sprengung meines bisherigen ›Verbotskodex‹, von dem mein Tun bis dahin großenteils bestimmt worden war. Der Herr hat mich von vielen Dingen freigemacht – ›frommen‹ Haltungen und pedantischen, kleinen Gesetzen, nach denen ich mein Verhalten früher auszurichten pflegte. Ich erfahre neue Gemeinschaft, neue Freiheit, neue Freude. Allerdings ist das Pendel zu weit ausgeschlagen. Meine Freiheit entwickelte sich in manchen Dingen zur Zügellosigkeit und wurde einigen zum Anstoß.«

Während des »Sneak« schrieb er am 22. Mai an seine Eltern:

»Es ist ein fabelhafter Sonntagnachmittag, ich sitze mit einer Clique von 49ern hier am Michigansee. Noch nie habe ich das Herumstreifen in der Natur so wunderbar erlebt. Durch die frische Nordluft von Wisconsin und das Draußensein fallen alle Gehemmtheiten von einem ab, es herrscht eine wirklich offene und gelöste Atmosphäre.«

Mir berichtete er in einem Brief vom 26. Mai:

»Der Ausflug ist vorüber, und ich bin mir ziemlich unklar, was dabei herausgesprungen ist. Ich habe enormen Spaß gehabt, und mit verschiedenen Burschen, die ich schon immer gerne kennenlernen wollte, bin ich in engeren Kontakt gekommen, sowohl menschlich wie geistlich. Ich bedaure nur, daß ich so töricht war und gemeint hatte, ich könnte eine schöne unbeschwerte Zeit verleben, ohne auch dann das Schwergewicht auf das tägliche Bibellesen in der Stille des Alleinseins zu legen. Das kann durch *nichts* ersetzt werden.

Der Abendmahlsgottesdienst, den wir an diesem Wochenende hielten, hätte Dir gefallen. Wir hatten eine riesenhafte Glaskaraffe und einen überlebensgroßen Brotlaib. Nach einigen kurzen Einleitungsworten begannen wir zu beten und bekannte Lieder zu singen, wobei verschiedene führten.

McCully brach das Brot und dankte für den Kelch. Es brauchte lange, bis der Kelch und der Brotteller bei den 180 Menschen herumgegangen war, und währenddessen sangen wir. Es gab fast keinen, dessen Seele nicht zur Anbetung bewegt worden wäre. Ach, warum kann der Heilige Geist uns nicht öfter so leiten? Wie lange sollen wir noch auf menschliche Ordnungen vertrauen, die dem Geist Christi vorschreiben wollen, auf welche Weise er sein Werk in unseren Seelen zu vollführen habe?«

In einem späteren Brief berichtete mir Jim von den Lehren, die ihm beim Gebrauch seiner neuen Freiheit zuteil geworden waren:

»Eine meiner Erfahrungen war folgende: Es drängte mich, mit solchen zusammen zu sein, die geistlich auf einer anderen Stufe standen als ich, und mit ihnen Gemeinschaft zu haben. Aber dann entdeckte ich, daß sich darin ein sehr raffinierter Fallstrick verbarg. Die Gemeinschaft mit ihnen hatte ich gesucht, um ihnen zu dienen, um sie zu fördern; ich wollte diesen ›Schwächeren eine Hilfe sein‹. Wie sehr fühlte ich mich aber dann zurechtgewiesen, als ich dahinterkam, welches das wirkliche Motiv war — *ich* wollte eine Hilfe sein. Die Liebe läßt nicht zu, daß man sie zu seinem eigenen Ruhm mißbraucht; sie widersetzte sich, als ich mit ihr prunken wollte. Ich habe gelernt, daß wir nicht auf ›geistliche Stufen‹ achten sollen, sondern einfach *lieben*, rein und ohne unlautere Nebenmotive. Andern ›eine Hilfe sein‹ — auch darin lauert die Gefahr der guten Werke, nämlich daß wir uns mit ihnen brüsten möchten, sei es auch nur im geheimen vor uns selbst.«

Bis zum Schlußexamen blieben nur wenige Wochen, und Jim suchte zu erkennen, was für eine Aufgabe Gott ihm für diesen Sommer zugedacht hatte. Sein Bruder Bob hatte ihm geschrieben, daß er für sich und seine Frau ein Haus bauen wolle, und Jim freute sich darauf, ihnen dabei helfen zu können.

»Ich glaube sicher, drei Monate Bauarbeit würden eine bessere Vorbereitung für die Mission sein als drei weitere Monate über Büchern. Vor allem spüre ich auch eine starke Verpflichtung gegenüber der Familie, die mich das hat werden lassen, was ich bin, und alle Rechnungen bezahlt hat, ohne zu fragen. Gott weiß, was das Richtige ist. Er wird mir seinen Willen offenbaren, nicht durch Feuer oder Erdbeben, sondern durch das ruhige Bleiben in seiner Gegenwart; als Gotteskind lernt man bald, aus ihr seinen Willen herauszulesen.«

PRÜFUNG DURCH MUSSE

Da es Gott wohlgefiel, daß er seinen Sohn offenbarte in mir, daß ich ihn verkündigen sollte unter den Heiden . . ., besprach ich mich nicht darüber mit Fleisch und Blut . . ., sondern zog hin nach Arabien . . . Darauf, drei Jahre später, ging ich nach Jerusalem hinauf.

Als er sein Abschlußexamen in Wheaton mit höchsten Auszeichnungen bestanden hatte, fuhr Jim in den Westen zu seinen Eltern, wo er fürs erste zu bleiben gedachte, wenigstens die nächsten drei Monate. Es war ihm nicht leichtgefallen, sich von den alten Kameraden im College zu trennen, besonders da ihm noch nicht klar war, was Gott in diesem Sommer mit ihm vorhatte. Wenn die bei Promovierten übliche Frage an ihn gerichtet wurde: »Was werden Sie jetzt tun?«, dann hatte er keine Antwort. Aber er wußte, wo er sie finden würde. In sein Tagebuch schrieb er am 8. Juli 1949:

»Endlich wieder zu Hause. Gemischte Gefühle: Ungewißheit, wo ich ›hingehöre‹, und Dankbarkeit für all die Gnade, die mir Gott in den vergangenen vier Jahren erwiesen hat. Vater, bewahre mich davor, ein Leben zu führen, das sich dem üblichen Schema anpaßt. Zu wem soll ich gehen, um mir Rat zu holen, wie ich mein Leben führen soll? Zu wem, um ein Vorbild zu haben? Zu dir, Herr? Ja, ich komme zu dir.«

Gottes Ratschluß war diesmal, daß Jim ein Jahr in Portland bleiben sollte, um dort in der Gemeinde zu helfen, wo er konnte, und vor allem seine Seele durch konzentriertes Bibelstudium vorzubereiten. Er begann, indem er beim Anstreichen des Gemeindesaales half, aber auch diese Stunden nützte er dazu aus, sich geistlich zu fördern, wie ein Brief vom 12. Juli an Bill Cathers zeigt:

»Als ich neulich hoch oben am Turm des Gemeindesaales mit dem Malerpinsel auf dem Schwebegerüst stand, zusammen mit Vater, kamen wir darauf zu sprechen, wie man junge Leute auf die Arbeit für Gott vorbereitet. Wir fanden beide, daß die künstliche Bibelschulatmosphäre unbefriedigend sei, und sprachen dann darüber, wie Paulus die, die um ihn waren, dazu ausbildete, andere zu lehren. Als wir nach den Seilen des Flaschenzuges griffen, um unsere Plattform zu einer noch nicht gestrichenen Stelle herabzulassen, sagte Vater: ›Ja, Jim, bete darüber, und wenn es Gottes Wille ist, gehe ich mit dir und Billy nächsten Sommer nach Montana.‹ Was meinst Du dazu, Bruder? Natürlich würde das bedeuten, daß Du Dich zunächst nicht mit Heiratsplänen tragen könntest, denn ich glaube, es ist Gottes Ordnung, daß Jungverheiratete von der Last des Kampfes verschont bleiben sollen, bis sie sich zusammen eingelebt haben. Vergleiche dazu 5. Mose 24, 5. Bete doch darüber, ich werde es auch tun. Wir würden selbst für unseren Unterhalt sorgen, Versammlungen im Zelt und im Freien abhalten oder wo immer sich ein Ohr findet, das zum Hören des Wortes bereit ist, und wenn wir auf Interesse stoßen und den Seelen helfen können, würden wir so lange bleiben, wie nötig ist, um sie zu festigen und zu Gruppen zusammenzuschließen. Wir sollten wissen, wie man das in unserer eigenen Sprache macht, bevor wir es in einer anderen versuchen, findest Du nicht auch?

Die Gedanken in Deinem letzten Brief über gemeinsames Wirken für den Herrn nach dem Vorbild von Paulus und Barnabas waren mir nicht neu. Eine solche Zusammenarbeit habe ich mir im stillen oft gewünscht, und ich wäre gar nicht überrascht, wenn gerade das zu Gottes Zielen gehörte, nämlich den einen durch den Glauben des anderen aufzurütteln. Aber auch hierin dürfen wir warten, bis er uns seinen Willen kundtut.

Ich bitte Dich ernstlich im Namen der Fürsorge, die wir füreinander tragen, und der Liebe Gottes, daß Du mich geduldig hinweist und ermahnst, wenn Du bei mir innere Rückschritte wahrnimmst, die ich in der Blindheit meines Fleisches nicht bemerke. Bleibe und ruhe in der Gewißheit, daß er alles für Dich tut, Billy.« Am 19. Juli schrieb er mir:

»Diese Tage scheinen Tage des Wartens zu sein, merkwürdig, wie wenn man auf der Stelle träte, bis all die amtlichen Formalitäten sich abgewickelt haben; aber ich bin sicher, daß ich nicht aus Gottes Führung herausgefallen bin.

Wie leicht kommt man in solchen Zeiten geistlich ins Herumtrödeln! Obwohl unter den Gläubigen viel Auftrieb zum gegenseitigen Sichaufrütteln herrscht und die Sonntage mit Gefängnis- und Straßenversammlungen angefüllt sind, besteht ein ausgesprochener Hang, sich die Tage durch die Finger rinnen zu lassen.

Ich habe mich damit abfinden müssen, in den Vereinigten Staaten zu bleiben, bis ich mich in der Arbeit hier bewährt habe. Die Brüder in der Gemeinde wollen es so haben, also werde ich warten müssen, bis der Weg in die ferneren Regionen frei ist. Aber trotzdem ist die Zeit hier nicht verloren, und ich bin sicher, Du wirst das eher als alle anderen verstehen, Betty . . . Ich vertraue auf die frohe Verheißung: ›Gnade und Ehre verleiht der Herr, nichts Gutes wird er mangeln lassen denen, die unsträflich wandeln.‹«

Im September machte ich auf die mehrmalige Einladung von Jims Mutter hin einen Besuch in Portland, auf der Heimfahrt von Alberta in Kanada, wo ich den Sommer über auf dem Lande missionarisch gearbeitet hatte. Jim holte mich am Bahnhof ab und fuhr mich zu seinem Elternhaus am Abhang des Mount Tabor, im Angesicht des Mount Hood mit seinem schneegekrönten Gipfel.

»Seltsame, aber glückerfüllte Tage«, schrieb Jim später. »Waren nicht auch sie von dir, Herr? Soll es uns versagt bleiben, eine Liebe, wie wir sie empfinden, in ihrem ganzen Ausmaß auszuleben? Dein Wille geschehe. Aber wie unmöglich scheint es uns, zu warten. Dennoch, wer in dir ist, für den ist nichts unmöglich.«

Nachdem wir uns an der Omnibusstation »Auf Wiedersehen« gesagt hatten, schrieb Jim in sein Tagebuch:

13. September. »Vor einer Stunde ist sie fortgefahren. Was für Stürme des Gefühls habe ich in dieser kurzen Zeit erlebt. Als ich vom Omnibus nach Hause ging, konnte ich nicht mal die Lichtreklamen lesen, ich konnte die Leute, die mir begegneten, nicht ansehen. Sich von ihr zu trennen, ist schrecklich. Immer, wenn ich sie sehe, habe ich keine Antwort. Nur die, daß ich warten muß. Wie lange? Auf was? Ich weiß es nicht. Du Gott meiner bitteren Stunden, Vater Jesu Christi, der Tränen vergoß, laß mir Führung unmittelbar von dir zuteil werden. Darf ich es im Vertrauen erbitten? Ach, laß uns nicht mehr schweigend auseinandergehen. Wie bitter ist Liebe, der man keinen Ausdruck geben darf!«

28. Oktober. »Eine der großen Segnungen des Himmelreichs ist die, daß wir seinen Wert schon hier auf Erden erkennen lernen. Der ist kein Narr, der hingibt, was er nicht behalten kann, um zu gewinnen, was er nicht verlieren kann.«

29. Oktober. »Gestern abend, nachdem ich einen Brief von Wilfried Tidmarsh an Bert gelesen hatte, gab ich einem inneren Impuls nach und bot mich für die Arbeit dort in Ekuador an. Heute morgen kam mir dieses Vorgehen ziemlich anmaßend vor, und ich schloß ein stilles Abkommen mit dem Herrn, daß ich den Brief nur absenden würde, wenn ich in irgendeiner Form eine feste Anweisung von ihm selbst bekäme. Die Lage, in der sich Tidmarsh befindet, scheint von ihm zu fordern, daß er die Missionsarbeit bei den Ketschuas aufgibt, wegen des Gesundheitszustandes seiner Frau.

Später: Beim Lesen von Epheser 4, 5 und 6 fiel mir besonders das Wort auf ›die Zeit auskaufen‹. Noch mehr ermutigte mich die Erläuterung ›die Gelegenheit ausnützen‹. Und als ich mir das Griechische ansah, hatte ich die Gewißheit, daß ich den Brief in den Kasten stecken sollte.«

Am 31. Oktober schrieb mir Jim:

»Heute bin ich zur Christian High School* gegangen, um mich als Aushilfslehrer zu bewerben. Abends war ich in der hiesigen Besserungsanstalt für Knaben, wo eine Feier stattfand, und habe ihnen eine Detektivgeschichte von Poe erzählt. Morgen soll ich in einer der Vorstadtgemeinden bei einem neu beginnenden Handwerkskursus für unbekehrte junge Burschen helfen. Mittwoch nachmittag Jugendstunde im Gemeindesaal; Freitag vormittag Gottesdienst für die Angestellten des Goodwill-Vereins in der Kapelle.

Tagsüber verbringe ich die Zeit mit Lesen. Neben geistlichen Büchern versuche ich auch etwas von dem in mich aufzunehmen, was ich ›verworfene Lektüre‹ nenne, jeden Tag ein bißchen, bloß um nicht im Gleichförmigen und Stereotypen zu versinken. In diesem Sinne lese ich ›Also sprach Zarathustra‹ von Nietzsche oder Service oder Poe. Ich muß strenge und sorgfältige Selbstzucht üben, daß ich mein Herz vormittags auf Bibelstudium und Gebet konzentriere. Die übrige Lektüre beschränke ich auf den Nachmittag und Abend.«

6. November. »Wunderbare Gnade Gottes! Es war ein fruchtbarer Tag, verlebt mit Heiligen und mit Sündern. Bei Ansprachen auf der Straße kam ich heute abend in Kontakt mit einem erfolgreichen Mann, der ein leeres Herz hat. Wie soll ich Gott gebührend preisen für das unbegreifliche Wun-

* Von einer christlichen Gemeinde betriebene Oberschule.

der meiner Erlösung? Und wie soll ich es anderen erklären? Ich habe mit dem Mann gesprochen und seine Seele Gott und seinem Wort anvertraut, in der festen Hoffnung, eines Tages auf diesen Blättern berichten zu können, daß er sich zum Herrn gewandt und großen Frieden gefunden hat. Du siehst diese Worte, Herr, und du bist mein Richter, ob sie aus echtem Glauben kommen.«

24. November. »Herr, gib mir Festigkeit ohne Härte, Standhaftigkeit ohne dogmatische Starre, Liebe ohne Schwachheit.«

29. November. »Unter allen Gnadenerweisungen Gottes ist nichts so erschreckend, finde ich, wie sein Stillbleiben. Wenn Menschen Unwahrheiten hinausgeschrien haben in seinem *Namen,* wenn sie die angenommene Bevollmächtigung durch Gottes Sohn dazu benutzten, seine wahren Kinder hinzurichten, wenn sie mit kaltherziger Geschicklichkeit die heiligen Schriften verdrehten und als Mythen und Lügen hinstellten, wenn sie seine Schöpfungsordnung in unfundierten Theorien erklärten und sich dabei rühmten, daß die rationale Wissenschaft sie unterstützte, wenn sie ihn aus seinem Weltall völlig wegdisputierten, wenn sie unter Mißbrauch der von ihm geschenkten Macht unbeschränkte Selbstherrschaft und Unabhängigkeit beanspruchten — er, dieser große, stille Gott, sagt nichts. Seine Duldsamkeit und Liebe zu seinem Geschöpf ist derart, daß er, nachdem er durch Christus, durch das Gewissen, durch das Gesetz geredet hat, wartet, daß die Menschen mit ihrem Schreien aufhören und sich für einen Augenblick ihm zuwenden und auf die leise, ruhige Stimme seines Geistes hören. Jetzt, nachdem er so lange geschwiegen, die Lästerungen seiner selbstzerstörerischen Geschöpfe in souveräner Sanftmütigkeit ertragen hat, wie wird jetzt die Stimme, die sich so lange zurückgehalten hat, in die Ohren, ins Bewußtsein, in die Herzen und Sinne der verworfenen Menschen hereinbrechen? O Allmächtiger, mit welchen Klängen wird diese Stimme wieder auf der Erde ertönen? Und was wird ihre Wirkung sein? Bestürzung und Furcht, denn der Herr selbst ›wird vom Himmel herniederkommen mit einem Feldgeschrei und der Stimme des Erzengels und mit der Posaune Gottes, und der Zorn Gottes, wenn das möglich wäre, wird noch schrecklicher dadurch, daß er die Sünde der Menschen solange in Schweigen ertragen hat‹.«

1. Dezember. »Heute mittag ziemlich beunruhigt, als man

mir berichtete, ›die Leute redeten‹ über meine Stellungslosigkeit. Ich glaube sicher, ich habe mir darüber mehr Sorgen gemacht als sie alle. Manche meinen, ich sollte für ein Jahr arbeiten gehen. Gott weiß, ich bin bereit dazu. Ich empfand diese Anklage als eine kränkende Kritik und verspürte ein starkes Verlangen, Vergeltung zu üben, mich vor den Leuten zu rechtfertigen, ihnen zu erzählen von meinen Bewerbungen um drei verschiedene Stellungen in letzter Zeit; von der Aussicht, nach Guayana zu gehen; von meinem Bibelstudium; von meiner Lektüre und der — zwar geringfügigen — Arbeit, Haus und Garten hier instand zu halten. Aber dann fiel mir Jesu Wort an die Pharisäer ein: ›Ihr seid's, die sich selbst rechtfertigen vor den Menschen.‹ Da ich nicht auch als ein solcher erfunden werden wollte, kniete ich nieder zum Gebet und las den Psalm der heutigen Bibellese. Es war Psalm 17. Mich traf Vers 2, wo David zu Gott spricht: ›Sprich du in meiner Sache . . . Du hast mein Herz geprüft . . . Meine Schritte haben sich fest an deine Bahnen gehalten . . . Errette meine Seele vor den Leuten, die deine Hand sind (Vers 14, Anmerkung), vor den Leuten dieser Welt, welche ihr Teil haben in diesem Leben, welchen du den Bauch füllst . . . ich aber will satt werden an deinem Bilde.‹ So bin ich denn in deiner Hand, Herr, und sage jetzt: Du hast mich geführt, erforscht, beunruhigt und versucht; wenn es an dem fehlt, was ich tun sollte und nicht tue, dann verbirg es nicht vor deinem Knecht, der dir folgen will.«

5. Dezember. »›Halte an mit Lesen.‹ Las eine kurze Biographie von Allan Smith zu Ende, der in Paraguay und im Amazonasgebiet als Missionar war. Fühlte mich von neuem aufgerufen zu Tidmarshs Arbeit bei den Ketschuas in Ekuador. Betete, daß ich bald ausgesandt würde mit bestimmten Weisungen für meinen Weg. Schöpfte Zuversicht aus Psalm 18, 36: ›Du schafftest weiten Raum unter mir, und meine Knöchel wankten nicht.‹«

Am 17. Dezember schrieb mir Jim einen Brief, der zeigt, daß sein Blick nun endlich doch auf bestimmte Gebiete gelenkt wurde:

»Ich habe einen ausführlichen Briefwechsel mit zwei Missionaren geführt, die ich angeschrieben hatte; der eine ist Wilfried Tidmarsh in Ekuador, der seine langjährige Arbeit im Urwald bei den Ketschua-Indianern aufgeben muß (seine Frau wurde bei einem Flugzeugunfall der Luftfahrt-Missionsbruderschaft verletzt); der andere ist Roland Hill in Bangalore in Indien. Beide schildern Missionsfelder, die mich ungeheuer interessieren, und beide sind gespannt, wie der Herr mich führen wird. In gewisser Hinsicht ist die Art der Arbeit grundverschieden: in Ekuador geht es um Angehörige ungebildeter, primitiver Stämme, während es sich in Indien um junge Hindus aus den oberen Schichten handelt, Schüler und Studenten, die auch englisch sprechen. Bruder Hill möchte für einige von ihnen eine Bibelschule aufziehen und sucht nun jemand, der unter anderem die nötigen Voraussetzungen mitbringt, um Griechisch zu unterrichten usw. Wie soll man sich entscheiden, wenn sich das Herz zu beiden Arbeiten in gleichem Maße hingezogen fühlt und die Fähigkeiten sowohl dem einen wie dem anderen Gebiet entsprechen?«

Dies war eine neue Glaubensprobe, nämlich im Hinblick auf den Entschluß, zu den südamerikanischen Indianern zu gehen, den Jim ein Jahr vorher auf der Studentischen Missionarskonferenz gefaßt hatte. Aber er war überzeugt, daß der Weg, wenn die Zeit gekommen war, erkennbar sein würde, vorausgesetzt, daß er diejenigen Pflichten, die schon jetzt deutlich vor ihm lagen, treu erfüllte. »Der Gehorsam öffnet uns die Augen«, wie George Macdonald sagte.

PRÜFUNG DURCH DIENST

Halte an mit Lesen, mit Ermahnen, mit Lehren, bis ich komme. Laß nicht aus der Acht die Gabe, die du empfangen, das Wort Gottes zu verkündigen . . .

Im Tagebuch finden sich folgende Eintragungen:

10. Januar. »Die Nachricht von Einsteins neuer Gravitationstheorie — die ich in ihren Einzelheiten nicht verstehe — erregte in den Zeitungen diese Woche ziemliches Aufsehen. Ich sehe hier nur eine neue Auswirkung der allgemeinen Einheitstendenz, von Wilkies Idee von der ›Einen Welt‹. Weltstaat, Weltrat der Kirchen, Vereinheitlichung der Ideale, und jetzt also Erklärung aller Naturerscheinungen auf der Grundlage einer einzigen Formel — das sind die Zeichen der Endzeit. Gleichschaltung auf sozialem, religiösem, politischem und technischem Gebiet, dazu wird die Menschheit die Mittel schon finden. Aber wo wird sie ein Mittel finden zur Gleichmachung auf moralischem Gebiet, einen gemeinsamen Nenner für Gut und Böse? Aus diesen beiden eins zu machen ist unmöglich; sie lassen sich nicht gleichmachen, auch nicht begreifen – außer auf dem Wege über Gott.«

18. Januar. »Sprach auf einem Vortragsabend für Krankenschwestern und Medizinstudenten über Gemeinschaft mit Gott. Ich habe gemerkt, daß ich zuviel abschweifte und zu viele scherzhafte Dinge einstreute. Herr, ich muß lernen, bei so ernsthaften Themen nüchterner und sachlicher zu sein. Wie achtlos gehe ich mit deinem heiligen Wort um, mit welcher gefährlichen Nonchalance. Hilf, Herr; gib, daß meine Verkündigung in der Vollmacht des Geistes geschieht, daß ich selbst ganz zurücktrete. Ich habe mich nicht genug auf dich verlassen, zuviel in mir herumgebohrt nach wirkungsvollen Gedanken, die Schrift zu wenig zu mir sprechen lassen.«

Trotz der beinahe verzweifelten Stimmung, die sich in manchen dieser Tagebuchnotizen offenbart, wurde Jim in den langen Stunden, die er an dem alten Rollpult in seinem Schlafzimmer verbrachte, auch gestärkt für spätere Kämpfe. Am 19. Januar – mitten aus seiner eigenen Verzagtheit und vielleicht gerade deshalb – konnte er mir einen Brief schreiben, der mir sehr viel Mut und Kraft gab. Ich stand vor einer schwierigen Entscheidung, die ich ziemlich fürchtete. Seine Antwort auf meinen Brief:

»Ich bete für Dich, daß alle Deine Angst zerschmolzen und in Dankbarkeit verwandelt werde. Denke daran, daß der Schatten, den ein Ding wirft, oft um vieles größer ist als das Ding selbst (besonders wenn die Lichtquelle tief am Horizont steht). Die Furcht vor etwas vor Dir Liegendem kann Dich, während Du darauf zugehst, in dunkle Schatten hüllen, aber dann, wenn Du den Gegenstand erreicht hast und ihn von drüben siehst, dann zeigt sich, daß er in Wirklichkeit vielleicht ganz klein und unbedeutend ist. Ach, daß Er uns doch oft mit neuer Kraft erfüllte dadurch, daß er uns ein Ding ›von drüben‹ sehen läßt, so wie er selbst es sieht. Damit wir wieder merken, daß er uns behandelt wie ein Vater seine Kinder, und daß alles, was er über uns verhängt, uns zum Besten dient.«

Das Tagebuch bezeugt auch, daß Gott ihm Gelegenheit gab, einiges von dem, was er aufgenommen hatte, an andere wieder auszustrahlen.

20. bis 21. Januar. »Vier Vorträge für eine Gruppe der Inter-Varsity Christian Fellowship in Jennings Lodge gehalten. Ich sprach über die Ausdrücke, mit denen das Neue Testament die Christen bezeichnet: Gläubige, Jünger, Brüder, Heilige, Christen — und über die Beziehungen, die durch diese Namen zum Ausdruck gebracht werden. Ich fühlte die tragende Kraft des Geistes, aber wie sehr hatte ich ihn auch nötig!«

4. Februar. »Schwierigkeit, aus dem Wort auch nur den kleinsten Zuspruch zu bekommen. Kein Gebetseifer. Unruhe im Haus, das kalte Wetter und gelegentliche Kopfschmerzen ließen die geistlichen Dinge diese ganze Woche weniger kostbar erscheinen. Wenn ich überhaupt etwas aus der Schrift gewinnen will, muß ich mich zum Bibelstudium mehr zwingen; die Lust fehlt manchmal völlig, um so mehr muß ich der inneren Stimme des Gewissens folgen, wenn sie sagt ›du sollst‹. Es ist wichtig, daß ich diese Stimme achten und ihr gehorchen lerne, sonst wird die Gottverbundenheit bei mir nicht zu einem Seelenzustand werden, sondern etwas Momentanes bleiben. Das Hintreten vor den Herrn darf ich nicht davon abhängig machen, daß ein freundlicher Impuls kommt und mich hinführt. Es ist besser, daß ich festen Prinzipien folge, solchen, von denen ich weiß, daß sie richtig sind, ob ich sie erfreulich finde oder nicht.«

10. Februar. »Die Bibelvorträge in der Christian High School heute abgeschlossen. Verhindere, Herr, daß jemand, dem ich deine Wahrheit verkündige, so töricht ist, mein Wort so aufzunehmen, als wäre es deines; oder so vermessen, dein Wort beiseite zu setzen, als wäre es meines.«

Ob Jim von irgendwelchen Auswirkungen jener Vortragsreihe etwas erfahren hat, weiß ich nicht. Aber nach seinem Tod erhielt ich einen Brief, welcher zeigt, daß sein Gebet erhört wurde. Evelyn Corkum, damals Schülerin der Christian High School, schrieb mir:

»Die ganze Vortragsreihe gründete sich auf den Timotheusbrief. Jim sagte, er habe gerade ihn gewählt, weil er an einen jungen Mann gerichtet sei . . . Durch die Vorträge kam es dazu, daß ich schließlich begann, ziemlich regelmäßig Stille Zeit zu machen. Jim gab uns nicht den Rat, wir sollten den Tag mit fünf Minuten flüchtigem Bibellesen und hastigem Gebet beginnen. Er rief uns vielmehr dazu auf, drei Viertelstunden früher aufzustehen, vor der übrigen Familie, und uns an einen Ort zu begeben, wo wir mit Christus allein sein könnten und wenn möglich nicht von anderen gestört würden. Mir schienen die drei Viertelstunden damals ein enormes Opfer, aber es war bezeichnend für Jim, daß er nicht versuchte, bei seinen Ratschlägen irgendwelche Abstriche vorzunehmen und sich dadurch bei den Schülern beliebt zu machen.

Er forderte uns dazu heraus, unser Leben Christus hinzugeben . . . Ich bereue nicht, daß ich seinen Rat ernst genommen habe, und deshalb, glaube ich, ist mein Leben so erfüllt gewesen und habe ich die Führung Gottes an mir selbst erfahren und erfahre sie auch weiterhin.«

Jims Tagebuch fährt fort:

11. Februar. »Heute abend ist mir klar geworden, daß bei geistlicher Arbeit wie nirgends sonst die Beschaffenheit des Arbeiters ausschlaggebend ist für die Qualität der Arbeit. Shelley und Byron hielten sich vielleicht wenig an moralische Gebote, konnten aber trotzdem gute dichterische Werke schaffen. Wagner mag als Mensch ausschweifend gewesen sein und hat dennoch wertvolle Musik geschaffen. Beim Wirken für Gott ist das unmöglich. Paulus konnte seinen eigenen Charakter und seine Lebenserfahrung als Beweis für das anführen, was er den Thessalonichern predigte. Neunmal sagt er im ersten Brief: ›Ihr wißt‹, das heißt, ihr habt mein privates wie auch mein öffentliches Leben mit eigenen Augen gesehen. Paulus ging nach Thessalonich und führte dort ein Leben, welches das, was er predigte, nicht nur veranschaulichte, es ging über bloße Veranschaulichung hinaus und war ein überzeugender Beweis. Kein Wunder, daß heute so viele Reichsgottesarbeit schlecht und wertlos ist – man braucht nur die moralische Beschaffenheit des betreffenden Arbeiters anzusehen.«

18. Februar. »Diese ganze Woche unterrichte ich in der siebenten und achten Klasse der Christian High School. Der Vorstand möchte, daß ich mich bald über das entscheide, was ich im Herbst tun will, denn er möchte, daß ich ein Jahr als Lehrer an der Schule bleibe. O Herr, so viele Scheidewege, so viele Möglichkeiten, so viele Fallgruben! Hilf mir, daß ich deinen Willen tue ohne Rücksicht auf irgendwelche Menschen. Ich kann keine Entscheidung treffen, Herr, nur wenn ich deine Stimme höre, daß du zu mir sprichst.«

6. März. »Am Wochenende war Dave hier und wollte wissen, ob ich eine Arbeit bei der Inter-Varsity Christian Fellowship und der Vereinigung für Äußere Mission übernehmen würde. Ich habe mehrere Bedenken; vor allem würde ich in einem ständigen Widerspruch leben, wenn ich für die Einrichtung von Missionsausschüssen sprechen würde, aber selber überzeugt bin, daß der Art Gottes alle organisatorischen Methoden sehr fern liegen, und jeder würde finden, daß das, was ich dann empfehlen müßte, nicht im Einklang steht mit meiner eigenen Meinung und Verhaltensweise. Außerdem ist das Herumfahren von einem Ort zum anderen, hier einen Abend, dort einen Tag, nicht sehr sinnvoll, wie es sich im Sommer 1948 gezeigt hat. Es fehlt dann etwas Wesentliches, nämlich die Möglichkeit, an den einzelnen Orten etwas auszubauen, was Bestand hat.

Es scheint, daß Gott mich jetzt durch Feuer erproben will, ob er mich hinaussenden kann auf ein Feld der Außenmission. Wieder habe ich gestern die Wahrheit von Paulus' Wort gespürt: ›Wie kann jemand predigen, ohne dazu gesandt zu sein?‹ Herr, hier bin ich. Sende mich, ach, sende mich hinaus!«

Aber es bedurfte noch weiterer Zurüstung: Statt auf ein Feld der Außenmission wurde Jim nach Williams, einer kleinen Stadt im südlichen Oregon gesandt, um dort in einer Reihe von Versammlungen zu predigen. Am Beginn der zweieinhalb Wochen dort schrieb er:

»Meine Hoffnung ist, daß Psalm 65, 6 sich erfüllen möge: ›Durch Wundertaten erhörst du uns in Gerechtigkeit, du Gott unseres Heils, du Zuversicht aller Enden der Erde und der fernsten Meere.‹ Ich wage kaum, daran zu glauben, denn meine Seele ist in einem Zustand, daß ich nicht das Vertrauen in mir finde, mich voll und ganz und vor allem anderen auf Gott zu verlassen.«

28. März. »Am heutigen Nachmittag mit Phares überall in der Gegend Besuche gemacht. Einiges scheint sich zu rühren hier im Tal, aber im allgemeinen findet man bei den Leuten kein Sündenbewußtsein. O Herr, erweiche die Sünder und errette sie zu deiner ewigen Herrlichkeit!«

31. März. »Sprach über Gethsemane . . . Ging in die Versammlung mit einem Schaudern über die Schrecklichkeit der Sünde. Konnte spüren, daß hier und da Sündenbewußtsein aufbrach, aber die Seelen der Männer wurden nicht so erschüttert, wie wir gehofft hatten. Beim Heimkommen zweifelte ich an der Güte Gottes und wurde durch folgende Antworten zurechtgewiesen:

1. Gott macht unsere Gebete nicht zuschanden. Er hat sie gehört, aber in Weisheit einen besonderen Erfolg versagt. Es war gut, über Gottes Weisheit nachzusinnen, auch wenn ich sie nicht verstehen konnte. Gott versagt seinen Segen nur aus Weisheit, nicht aus Bosheit oder Gleichgültigkeit.
2. Mir kam das Jakobuswort über das Bitten.
   a) Ich hatte nicht bestimmt genug gebeten — ›Ihr erlangt nicht, weil ihr nicht bittet.‹
   b) Ich hatte nicht mit reinen Motiven gebeten. ›Ihr bittet und empfangt doch nicht, weil ihr in böser Absicht bittet, nämlich um das Erbetene in euren Lüsten zu vergeuden.‹ Ich hatte noch immer meine eigenen Belange, meinen eigenen Namen mit der Arbeit verknüpft; hätte Gott meine Bitte erfüllt, so hätte ich seine Gabe vergeudet als Befriedigung meiner Lüste — meines Stolzes, meiner Eitelkeit und Selbstsucht.«

Ein Brief vom 23. April an seinen Vater deutet darauf hin, daß die Versammlungen nicht ohne Wirkung waren:

»Geliebter Padre: Nur ein paar kurze Zeilen als Bericht über die Arbeit in Williams. Soeben bin ich nach einer achtstündigen Busfahrt ab Mitternacht zurückgekommen und habe gerade meine Sachen ausgepackt.

Bei den Vorträgen hat mir Gott viel Freiheit geschenkt und hat in der ganzen Gegend spürbar gewirkt. Eines Nachmittags kam der größte Trinker der Stadt mit seiner Frau zum Herrn, und gestern abend haben beide ihren Glauben öffentlich bekannt. Einige junge Leute haben Heilsgewißheit erlangt und machen gute Anfänge im Bibelstudium. Nach der Versammlung gestern abend, bevor ich zum Bus ging, waren Phares und ich noch mit fünfundzwanzig jungen Leuten zusammen und hatten ein ernsthaftes Gespräch mit ihnen über Bibellesen, persönliche Heiligung und Leben für Christus bis in den Beruf. Gott hat Wunder gewirkt — nichts bloß Gefühlsmäßiges (außer bei mir selbst, wo ein gewisses Schuldbewußtsein wegen meiner inneren Verderbtheit aufbrach), sondern solides, schriftgemäßes Bauen, vom Geist geleitet, glaube ich.

Noch nie ist mir die Bedeutung des Todes und der nachfolgenden Erhöhung des Erlösers so klar gewesen, und ich danke

Gott, daß er mir Einfachheit der Sprache schenkte, einige der Lehren von seiner Gnade zu verkündigen.«

Das Tagebuch berichtet weiter:

17. April. »Das Angebot des Schulvorstandes, bis zum Ende des Schuljahres Lehrer der siebten – achten Klasse zu bleiben, habe ich abgelehnt. Ich fand es etwas schwierig, den Willen Gottes zu erkennen, glaube aber, daß er mich gelenkt hat. Bei Entscheidungen läßt man sich sehr leicht durch unwichtige (oder auch wichtige) Gesichtspunkte beeinflussen und schwankend machen, wenn man nicht zurückgreifen kann auf *Grundprinzipien* des Geführtwerdens. Drei sind mir in der letzten Zeit deutlich geworden; sie bilden einen guten Anfang für eine Sammlung solcher Grundregeln.

1. Bedenke immer, was Gott dich gelehrt hat: wichtig ist, daß deine Arbeit dem Bau seiner Gemeinde dient. Bei einer Gruppe längere Zeit zu bleiben und dabei den Akzent durchlaufend auf bestimmte Dinge zu legen, ist die beste Art und Weise, für Gott ein Werk zu tun, das Bestand hat.

2. Begib dich einem anderen oder einer Gruppe gegenüber nicht in eine Lage, auf Grund derer sie dir dann Verhaltensweisen vorschreiben können in Dingen, von denen du weißt, daß sie nur durch deine persönliche Selbstprüfung vor Gott entschieden werden können. Laß nie eine Organisation den Willen Gottes diktieren.

3. Wenn ich die Wahl habe zwischen einer geistlichen Arbeit, gleich welcher Art, und einer weltlichen Arbeit, wiederum gleich welcher Art, muß ich mich immer für die erstere entscheiden, ohne Rücksicht auf die finanziellen Umstände.«

20. April. »Ich bat inständig um irgendein Zeichen, ob ich ans Wycliff Sommerinstitut für Sprachwissenschaften* gehen solle. Ich erhielt aber keines. Heute abend ist mir klar geworden: Für den Augenblick kann ich ganz gut ohne jene Führung auskommen. Gott wird mir besondere Weisung geben – nicht wenn ich darum bitte, sondern wenn ich sie brauche, vorher nicht.«

18. Mai. »Schaute in eine Lebensbeschreibung von Wilhelm Farel, einem beachtenswerten Reformator, und flog das Buch bis zum Ende durch. Drei Stunden waren vergangen, als ich mich der Bibel und dem Gebet zuwandte. Ich hoffe, das wird

* An der Universität von Oklahoma.

mir eine Lehre sein, denn erst nach beträchtlichen Schwierigkeiten und besonderer Konzentration konnte ich die Kraft des Wortes langsam wieder spüren. Jedes Buch, es mag noch so gut sein, wird, wenn ich es der Beschäftigung mit dem wahren und lebendigen Wort vorangehen lasse, zu einem Fallstrick, und so etwas muß ich gewissenhaft vermeiden, wenn das Wort jeden Morgen die Lebensnahrung meiner Seele sein soll.

Gestern abend machte ich noch einen Gang auf unseren Hügel. Ich betete zu Gott, daß er mich seine Gegenwart häufiger spüren ließe. Von neuem untersuchte ich und verwarf ich mein unlauteres Bestreben, etwas für Gott zu *tun* vor den Augen der Menschen, statt etwas zu *sein* ohne Rücksicht auf das Sichtbarwerden von Ergebnissen. Es war, als wenn die Wolken, die über den Bergen im Westen dahineilten, zu mir sprächen: ›Was ist euer Leben? Ein Dampf ist's.‹ Ich sah mich als ein Dampfwölkchen, durch die große Kraft der Sonne von der weiten Meeresfläche hochgezogen und zum Land getrieben durch die Winde. Das Verbreiten von Segen auf Erden muß sein wie der Regen: Gott läßt ihn aufsteigen, trägt ihn herzu durch seinen Heiligen Geist, gießt ihn aus auf seine eigene Weise und an dem von ihm bestimmten Ort und läßt ihn in den großen Ozean zurückfließen. So soll meine Schwachheit Gott die Möglichkeit geben, die Erde zu erquicken. Ich wünschte, es geschähe so, wie er es mir gezeigt hat.«

Und mir schrieb er dies:

»Mögen diese Tage, was das Tun betrifft, sehr still sein, für mein Inneres sind sie bis zum Rande angefüllt mit freudiger Erregung. In meinem Herzen ist Freude, daß ich den Gott kenne, der ›der Gerechten Pfade glänzen läßt wie Morgenlicht, das immer heller leuchtet bis auf den vollen Tag‹.«

STIMMEN RUFEN

Den Frommen geht das Licht auf in der Finsternis.

Jim Elliots Gebet um Weisung, ob er das Wycliff Sommerinstitut für Sprachwissenschaft besuchen solle, fand Erhörung. Die Antwort, die ihm zuteil wurde, lautete Ja. Am 2. Juni 1950 machte er auf der Durchreise in Wheaton kurz Station, um von dort nach Oklahoma weiterzufahren. Dieser weitere Schritt brachte ihm neue Erkenntnisse über Gottes Führung, die er in seinem Tagebuch aufzeichnete:

»Beeindruckt durch Epheser 5: ›Suchet zu verstehen, welches der Wille des Herrn ist‹, und Römer 12: ›. . . damit ihr recht beurteilen könnt, was Gottes Wille ist.‹ In jedem Augenblick darf ich Gottes Willen wissen und mich dieses Wissens freuen. Wenn ich seine Gebote befolge, komme ich auf das richtige Geleise und bleibe auch darauf. Von Zeit zu Zeit kommen Gabelungen oder Abzweigungen, und ich muß eine Entscheidung treffen, aber wie bei der Eisenbahn, so ist es auch im Leben – ein Haltsignal, eine Krise flammt nur dort auf, wo eine besondere Notwendigkeit dafür besteht. Nicht immer werde ich ein Signal, das auf ›Fahrt‹ steht, in Sichtweite haben, aber wenn ich dem Geleise folge, werde ich an die Stelle kommen, wo wieder eines steht. Den Willen des Herrn verstehen heißt: In allen Situationen, wo ich Gott gehorsam war, darf ich darauf vertrauen, daß mein Weg der von ihm gewollte ist und daß mein Tun dem Bau seines Reiches dient.«

An der Universität in Oklahoma blieb Jim zehn Wochen. Mit mehreren Hundert angehender oder zurückgekommener Missionare lernte er, wie man schriftliche Sprachen studiert – wie man sie analysiert und mit unseren Schriftzeichen aufzeichnet. Die Phonetik, das Studium der Laute bereitete ihm keine Schwierigkeiten bei seinem angeborenen Talent zum Nachahmen von Dialekten und Akzenten anderer Leute. Sein analytischer Verstand machte sich mit Vergnügen an die Probleme der Morphologie (Wort-Formenlehre) und der Syntax (Satzformen). Der Kursus gab jedem Teilnehmer auch Gelegenheit zu praktischer Übung, und zwar unter Verhältnissen, die denen auf einem Außenmissionsfeld nachgebildet waren. Die Universität hatte Gewährsmänner für verschiedene Sprachgruppen herangeholt, und die Studierenden arbeiteten einzeln mit ihnen. Durch Befragen sammelten sie Angaben über die betreffende Sprache und ordneten sie, um die Struktur der Sprache zu erkennen – so, wie sie es später machen würden, wenn sie als Missionare zu einem Volksstamm kämen, der noch keine Schrift hatte. Für diese Übung durfte Jim sich unter den Gewährsmännern einen Missionar wählen, der früher bei den Ketschua-Indianern im Urwaldgebiet von Ekuador gewesen war. Auf diese Weise bot sich ihm eine ausgezeichnete Gelegenheit, gerade die Sprache in ihren Anfangsgründen zu erlernen, von der er glaubte, daß sie in Zukunft seine Aufgabe sein würde. Durch den Missionar aus Ekuador hörte Jim zum erstenmal von den Aucas. Sein Herz fing sofort Feuer. Ein Stamm, der von der Zivilisation noch gänzlich unberührt war? Ein Volk, das alle Versuche der Weißen, mit ihm in Berührung zu treten, abgewiesen hatte? Schon bei dem bloßen Gedanken flammte in Jim der Pioniergeist auf.

Jim dachte an den Briefwechsel, den er mit Dr. Tidmarsh geführt hatte. Er dachte an das Land der Ketschuas, wo große Gebiete noch nie vom Evangelium erreicht worden waren. Und nun die Berichte von den Aucas. Für Jim, der schon immer daran glaubte, daß Gott uns seinen Willen zu erkennen gibt durch die Ereignisse, die er uns widerfahren läßt, für ihn war dies Zusammentreffen mehr als nur ein Zufall.

Nach Ekuador also, nicht nach Indien, wollte Gott ihn senden? Die Führung, die er in diesem Fall erhielt, war ungewöhnlich und sehr klar. Am 4. Juli beschloß er, für zehn Tage in die Stille zu gehen, um von Gott eine endgültige Antwort zu erbitten.

»Mach meinen Weg gewiß, Herr«, schrieb er in sein Tagebuch. »Gib meinen Schritten eine feste Richtung. Sende mich, wann und wohin du willst, und zeige allen, daß du der Lenker meiner Schritte bist.«

Vier Tage später schrieb er: »Dies sind Tage inneren Schauens, Tage, an denen mir offenbart wird, was ›sein sollte‹, was verwirklicht werden muß, wenn Christus verherrlicht werden soll. Teilweise offenbart sich mir dieses ›Gesollte‹ dort, wo ich sehe, daß unser heutiges Leben von der Ordnung Gottes, die er in seinem Wort uns kundtut, abweicht; und teils beim Lesen in der Schrift — wenn ich die Urgemeinde sehe und wie dort die Ordnung Gottes, das Ideal, verwirklicht und gelebt wurde. Ach, wie weit haben wir uns von diesem Zustand und seiner Schönheit entfernt, und was für eine Aufgabe haben wir zu bewältigen! Herr, du hast je und je zu mir gesprochen. Was sein soll, ist auch ausführbar. Und ich vertraue. Verteidige deinen Namen, dein Wort, deinen Plan, und verwirkliche all dies ›Gesollte‹, das ich bis jetzt nur in der Ferne erblicke.«

14. Juli. »Vor zehn Tagen betete ich zu Gott, er möge mir ein Wort sagen, das mir Mut gäbe, wenn ich nach Ekuador ginge. Das Wort kam heute morgen an einer Stelle, wo ich es nicht erwartet hatte. Ich las zufällig in 2. Mose 23, und plötzlich trat mir Vers 20 lebhaft entgegen: ›Siehe, ich sende einen Engel vor dir her, der dich behüte auf dem Wege und bringe dich an den Ort, den ich dir bereitet habe. Hüte dich vor seinem Angesicht.‹ Da das Wort von selber auf mich zukam und da ich vorher ganz einfach daran geglaubt hatte, daß eine Verheißung mir gegeben würde, fasse ich es als Weisung von Gott auf, daß ich an Tidmarsh schreiben und ihm mitteilen soll, daß ich mit Gottes Zustimmung nach Ekuador gehen werde.«

Daß Jim so geführt wurde, geschah nicht nur in Erhörung seiner eigenen Gebete. Nur wenige Tage später erhielt er einen Brief von Eleanor Vandervort,* einer Freundin aus der Collegezeit, die jetzt als Missionarin in Afrika war. Sie schrieb, daß sie einen merkwürdigen Zwang verspürt habe, für Jim zu beten, und zwar war das genau während der Tage gewesen, als Jim in die Stille gegangen war.

DAS MUSTERBILD

Ein jeglicher aber sehe zu, wie er darauf baue. Der Grund ist schon gelegt, und einen anderen Grund kann niemand legen außer dem, der schon gelegt ist, und der ist Jesus Christus.

Der Sprachenkursus war vorüber, und Jim beschloß, noch ein, zwei Monate in Norman zu bleiben, zusammen mit Bill Cathers. Sie halfen in der kleinen Gemeinde in Oklahoma City und in der Bibelgruppe an der Universität. In dieser Zeit beantragte Jim auch einen Auslandspaß. Dr. Tidmarsh hatte ihm aus Ekuador geschrieben, er habe vor, im Herbst auf Urlaub zu gehen, und er bitte dringend, Jim und Bill möchten so bald wie möglich kommen.

Am 31. August schrieb mir Jim:

»Wir vertrauen auf Gott, daß er uns eine Behausung geben wird, wo wir wohnen und essen können. In der Zeitung haben wir eine Annonce als ›Gelegenheitsarbeiter‹ aufgegeben, und mit Anstreichen, Reparieren und allerhand Instandsetzungsarbeiten verdienen wir soviel, daß wir uns über Wasser halten können. Gelegenheit zur Verkündigung gibt es in der Ge-

* Vgl. E. Vandervort, *Muß der Pastor Schuhe tragen?*, R. Brockhaus Verlag.

gend hier reichlich: an der High School in Norman, in der Umgebung auf dem Land, und wenn das Semester angeht, bei den Studenten an der Universität. Wenn es Gottes Wille ist, brechen wir nach Ekuador auf, sobald wir unsere Pässe bekommen und uns zu Hause verabschiedet haben. Wir müssen auch noch einiges an Ausrüstung besorgen, aber wir brauchen lange nicht so viel, wie die, die verheiratet sind. Zu den besonderen Dingen, die uns noch fehlen, und die Du vielleicht in Dein Gebet einschließen könntest, gehören ein Radioapparat, einiges für Zahnbehandlung und medizinische Instrumente (Dr. Tidmarsh wird uns zeigen, wie man damit umgeht) und, nicht zu vergessen, Reisegeld. Wenn wir eine Möglichkeit finden, fahren wir auf einem Bananendampfer als Mitglieder der Schiffsmannschaft.«

Das Tagebuch fährt fort:

7. September. »Dies sind für Bill und mich Tage des Wartens. Wir hatten gehofft, unsere Pässe würden jetzt schon da sein und wir hätten schon beginnen können, die Ausrüstung zu besorgen, aber Gott hatte anderes geplant.«

29. September. »Heute kam ein Brief von Ed McCully: Er bewege vor dem Herrn die Frage, ob er das Studium abbrechen solle und sich umschauen nach offenen Türen für ein Gott hingegebenes Leben. Wie preise ich Gott für diese Nachricht! Sogar geweint habe ich, als ich las, wie Gott gehandelt hat, denn in der letzten Zeit hatte ich oft an Ed gedacht und ihm gewünscht, daß seine geistlichen Gaben ein Wirkungsfeld fänden. Sollte Ed der Mann sein, den Gott mit uns nach Ekuador senden will? Ich hatte gebetet um einen weiteren Mitarbeiter, und vielleicht ist dieses die Erhörung. Wenn es so ist, hab Dank, Herr, von Herzen Dank.«

18. Oktober. »Morgen, so Gott will, reise ich hier ab und fahre nach Wheaton, obwohl mir nicht ganz klar ist, warum. Es gäbe noch so viel zu tun hier. Aber trotzdem fühle ich mich gedrängt, nach Wheaton und dann weiter nach Milwaukee zu fahren und Ed McCully aufzusuchen, ähnlich wie vor langen Zeiten Barnabas nach Tarsus fuhr, um Saul zu suchen.«

Aus einem Brief ein paar Wochen später:

»Das Zusammensein mit Ed macht mir viel Freude, und ich möchte hoffen, daß Gott uns zusammen aussendet, ich glaube aber, die Entscheidung sollte nicht getroffen werden, solange ich hier bin. Man beeinflußt sich zu leicht, und unser menschliches Zusammenpassen könnte uns dazu bringen, wenn wir nicht achtgeben, die Weisungen Gottes zu überhören.

Tidmarsh schreibt, daß er in diesem Monat nach England auf Urlaub fährt, und da wir es für dringend nötig halten, daß er selbst uns in die Arbeit in Shandia einführt, werden wir wahrscheinlich warten, bis er zurückkommt, und Anfang nächsten Jahres mit ihm zusammen hinunterfahren.«

Kurz darauf erhielt Jim von Bill Cathers einen Brief, er wolle heiraten. Die Nachricht war für Jim ein Schlag, denn er hatte ja damit gerechnet, daß er mit Bill zusammen fahren würde, gemäß dem biblischen Vorbild des »je zwei und zwei«. Er schrieb seinen Eltern davon, wobei er folgenden Kommentar hinzufügte:

»Gespräche über Hochzeit, Ringe, Blumen, Geschäftsdinge und (o Graus!) Haushaltsangelegenheiten lassen mich völlig kalt. Manchmal fürchte ich, meine Sachlichkeit könnte mich daran hindern, mich jemals so sehr in einen Menschen zu verlieben, daß ich eine Ehe eingehen möchte. Nein, Quatsch. Ich bin bloß liederlich, ein Bohemien, der nicht mal genügend Pflichtgefühl hat, seine Schuhe richtig blank zu putzen.«

Der Antwortbrief seiner Mutter war eine Verteidigung der Ehe, verbunden mit der leisen Andeutung, daß es sich bei Jim vielleicht um einen Fall von sauren Trauben handle.

»Wenn ich tatsächlich auf den guten Billy neidisch bin, Mutter, dann wäre das wahrhaftig eine ganz neue Art von Neid, eine, die mir bisher noch nie vorgekommen ist. Wenn es ums Heiraten geht (da Du in Deinem letzten Brief so viel über dieses Thema schreibst), tauchen bei mir noch immer ernsthafte Fragen auf. Wenn einer Junggeselle bleibt, so bedeutet das noch nicht, daß er egoistisch, unstet, schwatzhaft, herrisch ist. Es *kann* natürlich sein, daß er alle diese negativen Eigenschaften hat, und ich kenne selber manche Junggesellen, die so sind, aber diesen Typus findest Du genauso unter den Verheirateten. Und außerdem – auch Paulus, Timotheus (wie wir vermuten müssen) und andere Gestalten aus dem Neuen Testament waren nicht verheiratet, ganz zu schweigen von vielen anderen Gottesmännern der Geschichte und von unserem Herrn Jesus Christus selber. Wenn die Ehe das einzige Allheilmittel für unstete junge Männer wäre, dann müßten alle jene Menschen unstete Naturen gewesen sein, und das kann man, wenn man ihr Wirken ansieht, ja wohl nicht behaupten. Ob man heiraten soll, bleibt also ein Problem. Es wird noch schwieriger gemacht durch die besonderen Forderungen, die an den gestellt sind, der als Missionar in den Tropenurwald gehen will. Bei Bill ist es Gottes Führung, daß er heiratet, und ich freue mich darüber und bin fröhlich mit den Fröhlichen. Wenn ich ihn beneidete, hieße das: Ich lasse mich gelüsten der Führung, die ihm von Gott geschenkt wurde, und sich gelüsten lassen dessen, was meines Nächsten ist, wird schon in den Geboten als Sünde verurteilt.«

Er erläuterte dann, was er meinte, wenn er von »besonderen Forderungen« der Missionsarbeit im Tropenurwald sprach:

»Es ist an sich schon schwer genug, mit den Menschen in Kontakt zu kommen, ihre Sprache und Gebräuche kennenzulernen und sich ihnen anzupassen — wie viel mehr, wenn man gleichzeitig noch die Aufgabe zu bewältigen hat, sich in die Gemeinschaft mit seinem Ehepartner einzuleben. Noch schwieriger ist es für die Frau, und es gibt viele Fälle, wo sie von Familien- und Haushaltspflichten so sehr aufgesogen wurde, daß ihr für missionarisches Wirken einfach keine Zeit mehr blieb.«

Von Milwaukee ging Jim im November in eine Kleinstadt in Indiana, wo eine Gruppe jüngerer Ehepaare sich für Bibelarbeit interessierte. Dies war eine gute Gelegenheit für ihn, einige der Wahrheiten zu lehren, die er in der letzten Zeit neu überprüft hatte. Über den ersten Bibelabend berichtete er folgendes:

»Ich fühlte Freiheit, die Karten offen hinzulegen, und sagte gleich zu Anfang einiges Unverblümte über neutestamentliche Gemeindeordnung. Die meisten waren sehr verblüfft, kamen aber wieder und wollten mehr darüber hören. Bei einigen machte ich Hausbesuche und fand einen echten inneren Aufbruch, einen Hunger nach dem Wort. Viele sind durch die traditionellen Ordnungen sehr stark gebunden; sie spüren zwar, daß etwas falsch ist, scheuen sich aber, die anerkannten Formen, zum Beispiel des Gottesdienstes, zu durchbrechen.«

Jim war überzeugt, daß es wichtig sei, den Aufbau einer Ortsgemeinde dem Vorbild der Urgemeinde anzupassen.

Aber trotz seiner starken Überzeugung kamen Jim zuweilen Zweifel, ob es überhaupt einen Sinn habe, auf eine Verwirklichung der neutestamentlichen Vorbilder zu hoffen.

»Die Widerstände sind so groß«, schrieb er in sein Tagebuch, »daß es mir manchmal absurd vorkommt zu glauben, es gäbe für den Aufbau der Gemeinde bestimmte ›Bauprinzipien‹. Wer kümmert sich heute noch darum, ob nach der paulinischen Methode vorgegangen wird? ›Seht zu, daß ihr das Evangelium verkündet; wir haben keine Zeit, uns zu streiten über die Methoden, wie das Werk gefestigt werden soll.‹ Das etwa ist die Rede, die ich hier überall zu hören bekomme.

Dann kam als erstes die Ermutigung von 1. Chronik 28, 9: ›Mein Sohn, erkenne den Gott deines Vaters und diene ihm mit ungeteiltem Herzen und mit willigem Geiste; denn der Herr erforscht alle Herzen und weiß um jeden geheimen Gedanken; wenn du ihn suchst, wird er sich von dir finden lassen, wenn du ihn aber verläßt, wird er dich für immer verwerfen. So sieh nun wohl zu! Denn der Herr hat dich dazu ersehen, ihm ein Haus zum Heiligtum zu erbauen: Mache dich mutig ans Werk!‹

Gott hat nie von den Menschen etwas bauen lassen, ohne daß er ihnen vorher ein Musterbild davon gegeben hätte; z. B. bei Mose, David, Noah, Paulus.«

Der Ort für einen weiteren Versuch, dem »Musterbild« zu folgen, sollte Chester sein, eine kleine Stadt im Süden von Illinois. Dort wollte Jim mit Ed zusammen arbeiten.

Der Entschluß wurde wie alle Entschlüsse sofort auf die Probe gestellt; diesmal dadurch, daß Jim aufgefordert wurde, nach Portland zurückzukehren und dort in den Bibelgruppen und bei Evangelisationen zu helfen. Aber Jim schrieb zurück:

»Ich glaube fest, Gott will, daß ich nach Chester gehe und dort Pionierarbeit tue. Im übrigen bin ich noch immer der Ansicht, daß es in Portland zu viel Kollektivismus gibt. Die gläubigen Kreise in Portland sind zahlreich, und sie könnten die ganze Stadt zu Gott hinkehren, wenn sie sich nur selbst zu Christus kehrten und bekennen würden, wie wenig sie für ihn getan haben. Es ist jetzt an der Zeit, daß wir zeigen, wie Gottes Kraft durch uns wirkt, und das kann man nur, wenn man es sich etwas kosten läßt — Opfer, anhaltendes Gebet und Verzicht auf persönliche Freuden.«

VON ALLEN EIGENEN MÖGLICHKEITEN ABGESCHNITTEN

Ich sage zu Gott, meinem Felsen: »Warum hast du mich vergessen?« . . . Wie Zermalmung liegt mir in meinen Gebeinen der Hohn meiner Dränger, weil sie den ganzen Tag zu mir sagen: »Wo ist nun dein Gott?«

Nach einer kurzen Pause nahm Jim seine Tagebucheintragungen am 6. Januar 1951 wieder auf; Chester, Illinois:

»Am Donnerstag sind Ed McCully und ich hierher zurückgekommen. Auf unserer Reise war der Allmächtige uns gnädig, er bewahrte uns, versorgte uns und gab uns Mut. Jetzt suchen wir sein Antlitz mit dem Gebet aus Psalm 90, 16–17: ›Zeige deinen Knechten dein Wirken . . ., fördere das Werk unserer Hände.‹ Zuerst möchten wir uns zeigen lassen, auf welche Art und Weise er die Menschen hier ansprechen will, *sein* Verfahren möchten wir erkennen — und dann erleben, daß er es in unseren Händen fördert, wirksam macht. Ich empfinde es als hohe Auszeichnung, daß ich die Wahrheit überbringen darf, und brauche viel Gnade, um das Wort in Vollmacht darzureichen.«

10. Januar. »Für die Jugend gibt es in ganz besonderem Maß das Gefühl des Elendseins, denn in der Jugend ist der Konflikt zwischen den Kräften unseres Innern und denen, die von außen kommen, am heftigsten; Beschränkung ist am störendsten, Befreiung das Ziel aller Wünsche. Zum Ausgleich sind der Jugend besondere Kräfte gegeben. ›Ich habe euch, ihr Jünglinge, geschrieben, weil ihr stark seid, und das Wort Gottes dauernd in euch wohnt und ihr den Bösen überwunden habt.‹ Außergewöhnliche Stärke ist der Jugend gegeben als Entschädigung; Scharfsinn und Gedächtniskräfte sind lebendiger in der Jugend, der Sieg ist dann am herrlichsten. Herr, laß mich meine Jugend ausschöpfen, ihre ganzen Kräfte dranwenden, ihr ganzes Feuer aussprühen. Nach der Weisheit Salomos will ich mich *freuen* in der Jugend, dennoch *gedenken* meines Schöpfers.«

16. Junuar. »Heute abend, habe ich das Gefühl, muß ich etwas schreiben, was ein Lobpreis auf den Gott der Freude ist. Der Tag verging langsam mit unwichtigen Angelegenheiten; zwei Besprechungen mit Firmen wegen Arbeit, Unterzeichnung des Vertrages für eine Rundfunk-Vortragsreihe, Entwurf des Textes, ziemlich kümmerlich, und alles mit dem Gefühl des Wartens auf Gott und seinen Zeitpunkt, seine Stunde. Den ganzen Tag über machte die Sonne Andeutungen von erwachendem Frühling, und gegen Abend, als ich in der Dämmerung nach Hause ging, sah ich voller Jubel den scharfumrissenen Purpurwall der Berge, darüber wie ein Wächter die ruhig strahlende Venus. Die Nacht breitete ihr samtenes Schwarz aus, und am Himmel immer wieder neue Sterne. Eben habe ich noch einen Gang bis zum Berg gemacht. Es ist begeisternd, herrlich. Dazustehen und zu schauen, umfangen vom Schatten eines freundlichen Baumes, und der Wind zupft einen an den Rockzipfeln, und der Himmel grüßt dein Herz – zu schauen und beglückt zu sein und sich von neuem Gott zu übergeben, was kann ein Mensch sich Schöneres erträumen? Ach, diese Fülle, diese aufregende und dennoch reine Freude, Gott schon auf Erden zu erkennen! Ich gebe nichts darauf, ob ich meine Stimme je wieder für ihn erheben werde, wenn ich ihn nur lieben, wenn ich ihm nur gefallen darf.«

Aus dem Tagebuch:

18. Januar. »Das Geldverdienen scheint hier in Chester schwierig. Nichts verkauft bisher, keine Einkünfte, wir leben kümmerlich von dem Ersparten, und auch das reicht nur noch für eine Woche. Eigentlich hatte ich gehofft, ich könnte etwas Geld für spätere Missionarstätigkeit zurücklegen, aber das wird bei unserer jetzigen Provision nicht möglich sein.* Ich hätte mich auch gern an der Finanzierung des Evangeliumsrundfunks hier und anderswo beteiligt, aber Gott hat mir alle eigenen Wirkungsmöglichkeiten abgeschnitten, damit ich nichts habe und nichts tue und nichts will außer ihm. Herr, du siehst, wie ich mit meinen eigenen Plänen festgefahren bin; auf dich setze ich meine Hoffnung, daß du mich bald befreist.«

29. Januar. »Am Sonntagmorgen übernahmen wir den Gottesdienst im Staatsgefängnis und sprachen zu 350 Sträflingen, unter denen alle Delikte vertreten waren, vom kleinen Diebstahl bis zum Massenmord. Es war eine aufregende Sache, dort das Wort von der Vergebung zu verkündigen, an Hand von Markus 2. ›Wer kann Sünden vergeben als allein Gott?‹ Das *bedeutet* einiges für Ausgestoßene, die sich nicht nur

* Hier steht am Rand eine Bemerkung in anderer Tinte: »Wie ahnungslos ich war! Bis Juni konnte ich 500 Dollar zurücklegen.«

einem nichtvergebenden Gewissen gegenüber sehen, sondern auch — wenn sie entlassen werden — einer hartherzigen Gesellschaft, die sie ablehnt.«

Mir schrieb er:

»Ein gewisses Gefühl der Verlassenheit liegt über diesen Tagen, ein Gefühl des Isoliertseins, schleichend und lauernd, und auf der Straße, in den Häusern, überall meine ich die Frage zu hören, die David verfolgte: ›Wo ist nun dein Gott?‹ Nicht, daß ich deprimiert wäre, aber eine Stadt wie diese, wo keine befreiende Wahrheit erklingt, hat etwas Frostiges und Trostloses. Die Kirchen sind voll, aber alles ist hohl, ohne inneres Leben. Wenn die Erde schon in ihren lichteren Schattierungen so trostlos ist, wie wird sie dann erst dort sein, wo die Schatten tiefer sind? Gott sei gedankt für dieses Gefühl des Wartens auf ›eine Stadt, die die festen Grundmauern hat‹, das doch in einem vorherrscht, wenn man sieht, auf welchen Grundlagen *diese* Stadt hier ruht. Die Wirtschaftswelt ist eine rohe, primitive Welt, in mancher Hinsicht beinahe tierisch, auf einen Neuling — als den ich mich betrachte — wirkt sie oft sehr abstoßend. Allein schon das Prinzip, daß man Geld verdient, indem man Sachen mit Gewinn verkauft, ist mir oft zuwider, aber momentan scheint das mein Job zu sein. Mittwoch ein paar Abschlüsse gemacht und insgesamt etwa 700 Dollar umgesetzt, ermunternd, aber nichtssagend.«

Am Spätnachmittag, wenn Jim und Ed von ihren Jobs zurückkamen, trafen sie sich in ihrer kleinen, engen Wohnung und kochten abwechselnd das Abendessen — einmal in der Woche brieten sie sich große Beefsteaks, dazu gab es raffinierte Salate. Nachher, wenn sie das Geschirr spülten, lernten sie oft Gedichte auswendig. Die Freuden der Dichtkunst waren Ed nie so recht zum Bewußtsein gekommen, erst in den gemeinsamen Tagen in Chester waren sie ihm aufgegangen, wo er als erstes Shelleys Ozymandias »entdeckt« hatte, dann Omar Khayyam, Coleridge, Poe und andere. Die beiden schrieben sogar einzelne Gedichte ab und klebten sie, um das Auswendiglernen zu erleichtern, an die Wand.

Das Tagebuch berichtet weiter:

5. März. »Gestern in der River Rat-Sonntagsschule angefangen. Siebzehn kamen. Neuer Auftrieb. Ich erfahre die Nichtigkeit von menschlichen Worten. Wenn nicht Gott durch mich spricht — bei den meisten Predigern heute merkt man deutlich, daß nicht er spricht –, ist es besser, daß ich überhaupt nicht predige. Betete aus Psalm 51, 15: ›Herr, tue meine Lippen auf‹, vertraute auf die Verheißung, die zuerst Jeremia galt: ›Siehe, ich will meine Worte in deinem Munde zu Feuer machen.‹ Verkündigung, die bloß aus dem Menschen kommt, mag sie auch noch so wortgewandt und zwingend sein, wird nie das Feuer entzünden können, das die Rede eines Gottesmenschen entfacht, aus welchem Gott selbst spricht. Herr, gib mir *deine* Worte für diese Menschen.«

Die Monate, in denen er mit Ed zusammenarbeitete, erweckten in Jim die Hoffnung, daß Ed die Erhörung seines Gebets sei, des Gebets um einen unverheirateten Partner, mit dem er die geplante Missionsarbeit im Urwald von Ekuador beginnen könne. Aber auch diese Hoffnung wurde zunichte gemacht, wie er am 28. April seinen Eltern berichtete:

»Heute morgen kam Eds Trauring. Wenn diese Zeilen bei Euch eintreffen, wird er schon offiziell verlobt sein, denn am Montag kommt Marilou hierher für eine Woche.«

Während der letzten Monate ihrer Zusammenarbeit in Chester hielten Jim und Ed Evangelisationsvorträge in einem Zelt. Die Zahl der Besucher war klein, aber mehrere sprachen den Wunsch aus, Christus nachzufolgen.

14. Juni. »Gestern letzter Zeltabend, Predigt über Apostelgeschichte 1, 11: ›Dieser Jesus wird kommen, wie ihr ihn gesehen habt gen Himmel fahren.‹ Unmöglich, das Gute aufzuzeichnen, das Gott getan hat hier in Chester. Jetzt sehe ich auch verschiedene Gründe, warum er uns hierher geschickt hat, Gründe, die ich im Januar noch nicht gesehen habe. Mit Sicherheit hat er uns geführt.

Wenn ich zurückblicke auf die beiden letzten Jahre seit der Promotion, habe ich ein merkwürdiges Gefühl von Fruchtlosigkeit. Der Weg, der mir bestimmt wurde, war sicherlich kein üblicher oder irgendwie voraussagbarer. Aber ich habe danach getrachtet, Gottes Willen zu tun, und darin habe ich Frieden.

Es ist nutzlos, sich Gedanken zu machen darüber, was hätte sein können, wenn dieses oder jenes geschehen wäre. Wir sind nur dazu aufgerufen, das zu tun, was uns geboten wird – so gering oder sonderbar oder einfältig es auch sein mag –, unser Auftrag heißt Gehorchen, und hierin habe ich ein reines Gewissen. Wer will zweifeln oder sagen, unsere Arbeit sei umsonst? ›Gott sei gedankt, der *uns allezeit in einem Triumphzug mit sich einherführt.*‹«

GENAU IM RICHTIGEN AUGENBLICK

Wir wissen aber, daß denen, die Gott lieben, alle Dinge zum Besten dienen.

Jim nahm an den Hochzeitsfeiern zweier seiner Freunde teil, der von Ed McCully und der von Bill Cathers, und dann fuhr er wieder westwärts und landete im Juli in Portland, mit einem Dollar und zwanzig Cent in der Tasche. Er übernahm allerlei Gelegenheitsarbeiten und fuhr im August mit der Familie kurz in Ferien nach Ocean Park, Washington. Von dort schrieb er mir:

»Die Familie Tidmarsh war für zehn Tage hier. Ihr Besuch hat dazu gedient, mich in meinem Entschluß mit Ekuador weiter zu bestärken. Es geht alles voran, wenn auch langsam. Das Visum für Ekuador habe ich beantragt, und das Wehramt hat seine Einwilligung zur Ausreise gegeben. Das Datum der Abfahrt ist bei vorsichtiger Schätzung etwa der 1. Dezember, wahrscheinlich von Los Angeles. Aber vorher fahre ich noch einmal ostwärts.

Bill und ich haben nämlich ein Programm für eine Vortragsreise im Gebiet New York — New Jersey ausgearbeitet, teils evangelistisch, teils missionarisch, und zwar für die Zeit vom 21. September bis zum 12. Oktober. Das Programm ist ziemlich gedrängt, aber einige Tage habe ich frei, und natürlich würde ich mich freuen, Dich zu sehen, so Gott will. Wirst Du in Birdsong sein (mein Elternhaus in Moorestown, New Jersey)?

Ed und Marilou werden dieses Jahr an der medizinischen Schule des Bibelinstituts in Los Angeles sein, und wir beten, daß sie nächstes Jahr nach Ekuador nachkommen. Bete doch, daß Gott den beiden Gewißheit gibt und sie in ihrem Entschluß bestärkt, ja? Ich bitte noch immer um einen unverheirateten Kameraden, der mit mir an die Schule in Shandia geht. Ein junger Bruder aus Seattle scheint Interesse zu haben. Vielleicht erinnerst Du Dich an ihn: Pete Fleming, der etwas intellektuelle Bursche von der Washington-Universität. In der letzten Zeit habe ich mehrere sehr angeregte Begegnungen mit ihm gehabt, und er wartet darauf, daß Gott ihm seine Aufgabe zeigt.«

Am gleichen Tag schrieb Jim an Pete:

»Ein entscheidendes Wort für Dich in der Frage mit Ekuador kann ich leider nicht sagen. Freuen würde ich mich natürlich sehr, wenn Gott Dich bewegte mitzukommen. Aber *er* muß Dich bewegen. Wie sollen sie predigen, wenn sie nicht gesandt werden? Wenn nicht Gott selbst Dich bewegt, hoffe ich, Du bleibst hier. Es sind so viele Mauern zu überklettern, und das kann man nur, wenn man völlig gewiß ist, in seinem Auftrag zu handeln. Ich selbst kann nur eins für Dich tun — beten, daß Dein Weg Dir deutlich gezeigt wird. Der Befehl an sich ist klar: ›Gehet hin in alle Welt und verkündigt die frohe Botschaft‹, und die Ausführung ist möglich, weil der Befehlende dazu die Verheißung gegeben hat: ›Ich bin bei euch alle Tage.‹ Der Befehl gilt uns allen, aber die Einzelheiten werden bei jedem verschieden sein. Für mich ist Ekuador einfach der Weg des Gehorsams gegenüber dem Wort Christi. Dort ist ein Platz für mich, und ich bin frei von Bindungen. Das gleiche gilt natürlich von sehr vielen anderen Orten. Zuerst wußte ich nur, es werden viele Arbeiter gebraucht, und ich selbst bin frei; mehrere Jahre habe ich gewartet und gebetet, daß Gott mir eine Antwort gebe auf die Frage des ›Wohin?‹, und jetzt bin ich überzeugt, daß ich diese Antwort erhalten habe. Aber meine eigene Erfahrung ist auf keinen Fall auch für Dich maßgebend — Dir wird Gott seinen Willen vielleicht auf eine andere Art zu erkennen geben. Ich selber habe nicht die leiseste Ahnung, wie und wohin er Dich führen wird. Nur *daß* er Dich führen wird, dessen bin ich gewiß — er wird Dich führen und dafür sorgen, daß Du seine Zeichen nicht übersiehst. Du kannst in Ruhe vertrauen: Seine Sache ist es zu führen, zu befehlen, zu treiben, zu senden, zu rufen oder wie Du es nennen willst; und Deine Sache ist es, zu gehorchen, zu folgen, Dich in Bewegung zu setzen, zu reagieren oder wie man es ausdrücken soll. Was ich hier sage, klingt Dir vielleicht phrasenhaft und abgedroschen und nicht überzeugend, und das ist auch ganz in Ordnung, denn es ist nur der Rat eines Menschen. Nach dem Erdbeben und dem Feuer kommt das ›stille, sanfte Sausen‹, und in ihm wird Gott auch zu Dir das lange ersehnte Wort sprechen. Darauf harre.

Wir fahren, wenn der Herr die Dinge so lenkt, wie wir sie jetzt planen, am 7. September nach New Jersey. Ende Oktober kommen wir zurück, und Ende November hoffe ich, in Los Angeles die Überfahrt nach Ekuador antreten zu können.«

Auf der Reise nach der Ostküste schickte Jim mir ein paar kurze Zeilen nach Chikago:

»Ich bin dankbar, daß der Herr mir ein Wiedersehen mit Dir gewährt. Es gibt viel zu besprechen. Dave erzählte von der Möglichkeit mit der Südsee, und ich bete. In Freude Jim.«

Während er bei uns war, notierte er am 20. September in sein Tagebuch:

»In Birdsong angekommen. Bin ihr näher denn je, aber auch überzeugter, daß Gott mich von ihr fortführt, nach Ekuador mit Pete, und sie selbst in die Südsee! Eine merkwürdige Fügung.«

Zwischen dem Tage dieser Tagebuchnotiz und Jims nächstem Besuch in Birdsong ereigneten sich verschiedene Dinge, die anzeigten, daß die Tür zur Südsee für mich verschlossen war. Wäre die Führung, die wir von Gott bisher erfahren hatten, nicht so gewesen, wie sie gewesen war, dann wäre das weitere jetzt sehr einfach gewesen: sich verloben und zusammen nach Ekuador gehen. Schon seit langem hatte weder bei Jim noch bei mir ein Zweifel bestanden, wen wir heiraten würden, falls Heirat Gottes Wille wäre. Hatte er gezeigt, daß es sein Wille war? Die Antwort, darin waren wir uns einig, lautete noch immer Nein. Dies sei jedoch für uns kein Grund, meinte Jim, aus unseren Gedanken die Möglichkeit auszuschließen, daß Gott mich nach Südamerika führen werde. Er bat mich, dies vor dem Herrn ernsthaft zu bewegen; dabei verhehlte er sich keineswegs, daß eine solche Lösung sicher Anlaß zu Kritik und falscher Deutung geben würde. Wir kannten ihn, den Lenker unserer Schritte, und hatten seine Lenkung bisher an jedem Punkt erfahren. Wir wußten auch: Er führt »auf einen Weg, den sie nicht kennen«. Wahrhaftig, wenn wir unsere Wege kennten, wozu brauchten wir dann einen Führer?

So beteten wir viel hierüber, denn wir wußten wohl, daß es schwierig ist, Gottes Willen zu erkennen, wenn das eigene Wünschen so stark ist.

Jim fuhr zu weiteren Vorträgen nach New York zurück und sandte mir ein paar Tage später folgende Zeilen:

»Heute abend sehe ich, daß Gottes Wille gütig ist, durch und durch ›gut, wohlgefällig und vollkommen‹. Die umsichtige Liebe Jesu zu uns erscheint mir jetzt unendlich freundlich. Das war sie immer schon, ich weiß, aber irgendwie hatte ich nicht gesehen, wie *weise* sie auch dann war, wenn sie nicht freundlich schien.

Ich übernachtete in Queens bei einem Bruder, der Chrysanthemen zieht. Er erzählte mir, sie blühen erst auf, wenn alle anderen Blumen vom Frost dahingerafft sind. Darauf meinte ich, die Chrysanthemen würden wohl gerade durch den Frost zum Blühen gebracht, aber er sagte: ›Nein, durch die längeren Nächte.‹ Muß ich das Gleichnis erläutern? . . . Ich harre dessen, der unser Harren nicht zuschanden werden läßt.«

In den folgenden vier Wochen – Wochen des Gebets und des Wartens – kam uns Antwort. Sie lautete, daß ich nach Ekuador gehen solle. Dies ließ in Jim die Hoffnung aufleben, daß Gott uns doch zur Ehe vorgesehen habe, aber von dieser Hoffnung sagte er mir nichts, sondern blieb auf seinem eingeschlagenen Kurs. Denn auch jetzt wollte er keine Bindung eingehen, bevor er das Leben im Urwald kennengelernt hatte und aus eigener Erfahrung beurteilen konnte, welche Anforderungen es stellte.

Als er wieder in den Westen fuhr – zusammen mit Pete Fleming, der im Flugzeug nach New York gekommen war und ihn dort getroffen hatte –, schrieb mir Jim:

»Wenn es mein eigener Beschluß gewesen wäre, als Lediger hinauszugehen, dann würde ich meinen Plan bestimmt ändern. Aber der Lenkende war Gott, Betty. Er weiß: Lieber ginge ich mit Dir zusammen. Doch sein Auftrag ist das höhere Gut.«

Und wie alles andere in seinem Leben akzeptierte Jim dies freudig:

»Ich danke meinem Gott. Das Leben ist für mich so reich geworden, so erfüllt. Wie ein Meer, das aber keine Ebbe hat. Die Natur, Leib und Seele, Freundschaft und Familie – alles hat Fülle für mich. Und noch eins, was viele nicht haben – die *Fähigkeit, sich zu erfreuen.* ›Und er sprach zu ihnen: Hat euch je etwas gemangelt? Sie antworteten: Niemals.‹

Die Vergangenheit liegt hinter uns, und ich bin froh über alles, was uns widerfahren ist, und daß es so geschah, wie es geschehen ist. Gott hat hinein und hindurch geführt, und die

Reiseroute, die er dabei für uns wählte, war die beste, die es gab — dessen dürfen wir gewiß sein. Und ein Christ darf auch dies wissen: Jedes Geschehnis, das uns widerfährt, läßt er *genau im richtigen Augenblick* geschehen, so, daß es uns zum Besten dient. ›Gottes Wege sind vollkommen.‹«

DIE HAND IST AN DEN PFLUG GELEGT

Wer seine Hand an den Pflug gelegt hat und sieht zurück, der ist nicht tauglich für das Reich Gottes.

Nach der Rückkehr nach Portland war Jim sehr beschäftigt: mit dem Einkaufen der Ausrüstung für Ekuador, mit Vorträgen im Nordwesten und mit Packen. Aber an der stillen Zeit für Gebet und Bibellesen hielt er fest, und die Dinge, bei denen er nicht die Freiheit hatte, mit anderen davon zu sprechen, vertraute er seinem Tagebuch an. Am 23. November schrieb er:

»Gerade die Geschichte Abrahams wieder einmal gelesen. Als Geistesnahrung sehr geeignet jetzt — bei dem starken Verlangen nach Wärme und Fraulichkeit, nach Zärtlichkeit, Entspannung, nach Kindern. Gott, der Sara in ihrem Alter ›ein Lachen bereitete‹ und dessen Verheißungen auch Abraham dazu brachten, auf sein Angesicht zu fallen und zu lachen, weil sie ihm so glanzvoll und zugleich so unwahrscheinlich vorkamen — passende Gedanken für meine jetzige Lage, denn mir ist, als würden es fünf Jahre des Alleinstehens werden, diese nächsten fünf Jahre in der besten Kraft der Jugend, Jahre, wo das Verlangen nach Betty am größten sein wird, wo ich sie am meisten brauche und am besten glücklich machen kann. Diese Jahre, wie ich den Plan jetzt sehe, müssen in der Abgeschiedenheit verlebt werden. Dann, wenn ich schon über dreißig bin, dicklich, mit Runzeln, vielleicht schon eine Glatze kriege — dann das Ehebett. ›Wer will denn warten, bis er dreißig Jahre ist, um eine Familie zu gründen?‹ sagte Mutter neulich. Ich bestimmt nicht. Das einzige, was ich zu antworten wußte, war: Man gründet eine Familie, wann Gott will! Und daran glaube ich. Ich bin überzeugt, Gott tut das, was für uns das Beste ist, auch wenn es noch so unwahrscheinlich aussieht. Vielleicht irre ich mich ja, wenn ich glaube, daß ich noch Jahre warten muß — aber als Mann, wenn man die Lebenskraft der Jugend in sich aufwallen fühlt, kann man nicht ganz gleichgültig bleiben bei der Aussicht, daß man sie völlig unterdrücken muß. Vielleicht hat Er gar nicht vorgesehen, daß wir Jahre warten müssen, aber im Augenblick sieht es jedenfalls so aus. Wie dem auch sei — El Shaddai, der Gott, der Hagar sah und erhörte, der auf Saras Lachen einging, für dessen Allmacht Abrahams 100 Jahre nichts bedeuteten — an diesen Einen glaube ich, daß er mich in diesen Dingen lenkt und leitet. Und in diesem gläubigen Vorausschauen kann ich, gleich Abraham, lachen.«

1. Dezember. »Beim Lesen der Schrift finde ich in ihr eine große sittliche Macht. Auf zwei große Kräfte werde ich hingewiesen: die *Furcht* Gottes und die *Gnade* Gottes. Ohne die Furcht Gottes würde ich nicht aufhören, Böses zu tun, die Furcht hält mich zurück. Und ohne die Gnade Gottes hätte ich nicht das Verlangen, Gutes zu tun. Das eine ist ein Abschrekkungsmittel vom Bösen, das andere ein Antrieb zum Guten. ›Wie wird ein Jüngling seinen Weg unsträflich gehen? Wenn er sich hält nach deinen Worten.‹ ›Solches schreibe ich euch, auf daß ihr nicht sündigt.‹ Zu diesem Zweck wurden die biblischen Bücher geschrieben: um ein Gnadenmittel zu sein beim Kampf gegen die Sünde. Ich wünschte, die Christen würden sie lesen. Ihr Leben wäre nicht so mit Sünden gespickt.«

6. Dezember. »Manchmal packt mich ein an Wahnsinn grenzendes sinnliches Verlangen; nicht immer, Gott sei Dank, aber doch so häufig, daß der Verzicht auf sie um des Werkes willen zu einer harten, brennenden Realität wird. Hierin spüre ich gerade jetzt, mehr denn je, Jesu Forderung: ›Wer nicht absagt allem . . .‹ Ja, ich danke Gott für das Vorrecht, um seinetwillen etwas aufzugeben.«

24. Dezember. »Soeben ›Wem die Stunde schlägt‹ zu Ende gelesen. Ein Buch, das einen außerordentlich packt und das für einen Christen allerhand Probleme aufwirft. Wirklichkeitsnah, psychologisch in die Tiefe dringend, ausführlich und trotzdem kompakt — für mich ist es ein literarischer Markstein allein schon seines Stils wegen. Ich wünschte, ich wäre im gleichen Maße von dem Verlangen beherrscht, Gott zu erleben, wie diese modernen Autoren von der Lust beherrscht sind, das Leben zu erleben. Sie wollen es nicht erklären, ziehen keine Schlüsse, demonstrieren keinerlei Moral; sie stellen einfach dar, was ist. Müssen wir immer versuchen, das Leben zu erklären? Kann man es nicht einfach leben in der Wirklichkeit der Gottverbundenheit nach Jesu Vorbild, in seiner ganzen Fülle: Freude und Frieden, Ängste und Liebe, ohne ständig Lehren abzuleiten oder Regeln aufzustellen? Ich weiß es nicht. Nur das eine weiß ich, daß mein eigenes Leben voll ist. Es ist Zeit zum Sterben, denn ich habe alles gehabt, was ein junger Mann nur haben kann, wenigstens dieser junge Mann. Selbst, wenn dies das einzige Ergebnis wäre, das meine Ausbildung gebracht hat, ich wäre zufrieden. Meine Ausbildung ist gut gewesen und zur Ehre Gottes. Ich bin bereit, vor Jesus hinzutreten. Meine Mißerfolge haben nichts mehr zu bedeuten jetzt, nur daß sie mich das Leben lehrten. Meine Erfolge sind bedeutungslos, nur daß sie mir zeigten, wie man die große Gabe Gottes recht gebraucht, *das Leben.* O Leben, ich liebe dich. Nicht weil du lang bist oder große Dinge für mich tatest, sondern einfach deshalb, weil ich dich von Gott habe.«

1. Januar 1952. »Das war ein guter Tag heute, mit vielen Besuchen und Gesprächen, aber trotzdem voller Ruhe und Besinnung. Mir ist ein Zeichen gegeben worden, ein ziemlich überraschendes, ein Zeichen der Bestätigung für meine Fahrt nach Ekuador mit der *Santa Juana.* Ich hatte Gott gebeten, daß er meinen Reiseplan bestätige mit einem ›Siegel‹, hatte aber keine Ahnung, welcher Art das Siegel sein würde. Gestern morgen waren mit der Post verschiedene Schecks gekommen, und am Nachmittag wollte ich sie einlösen und den Betrag ans Reisebüro schicken für meine Schiffskarte. Aber als ich dann zur Bank kam, nach einigen anderen dringenden Besorgungen, war die schon geschlossen. Heute, als ich bei Tommy Dryden etwas einkaufte, gab er mir einen Scheck über fünfzig Dollar. Ich steckte ihn zunächst nur ein, erst zu Hause schrieb ich ihn auf, zusammen mit den Schecks von gestern. Und dann entdeckte ich, daß es insgesamt 315 Dollar sind, genau die Summe, die ich für die Überfahrt zu zahlen habe! Und alles innerhalb von vierundzwanzig Stunden, aus fünf verschiedenen Quellen. Das ist das erste dieser Wunder, auf die ich fest vertraue, auch für die weitere Zukunft. Halleluja! Lob und Preis dem König himmlischer Schatzkammern! Schecks bestätigten, daß ich unter seiner Führung stand bei meiner Reise nach Milwaukee vorigen Herbst, nach Sparta dieses Frühjahr, nach Hause diesen Sommer und auch jetzt wieder, denn alle kamen sie von Menschen, mit denen ich nur dadurch in Berührung kam, daß ich an diesen Orten war. Gott, der allein weise ist, sei Ehre. Das gibt mir guten Mut für 1952.«

Jims Briefe aus den beiden letzten Wochen in Portland waren angefüllt von vielen Einzelheiten über Packen, Abschiednehmen und dergleichen.

15. Januar; Oakland, Kalifornien. »*Am* Dienstag haben wir den Rest gepackt und am Donnerstag das ganze Zeug zum Hafen transportiert. Mein Gepäck bestand am Schluß aus zwei Stahltonnen, zwei Schließkörben, zwei Kisten und einem Schrankkoffer — sieben Stücke, zusammen 1400 Pfund. Pete hatte nur 900 Pfund, aber dafür hatte ich den größten Teil der schweren Sachen: Dias, Tonbandapparat, Wannen, Gewehre, Töpfe, Kessel und Geschirr.«

25. Januar; Sunland, Kalifornien. »Daß ich aus den Staaten fortgehe, regt mich bislang noch nicht allzu sehr auf. Rührung empfinde ich sehr wenig, und die ganze Stufenleiter des Verabschiedens werde ich wohl ohne Herzbeben überleben. Nicht, daß es mich gleichgültig ließe, daß ich von allen Angehörigen Abschied nehmen muß, aber diese Trennung ist ein Glied in Gottes Plan, ein Teilstück, das man nicht wichtiger nehmen darf als irgendwelche anderen bisher . . . Für Dich wird die Trennung vielleicht schwerer sein als für mich, ich finde aber nichts, was ich Dir als Trost und Hilfe hierbei sagen könnte. Nur das eine, daß der Wille Gottes ›gut, wohlgefällig und vollkommen‹ ist. Und ich wünsche Dir, daß Du ihn als wohlgefällig akzeptieren kannst.«

Als ich in einem Brief davon sprach, daß ich das Gefühl hätte, etwas verloren oder eingebüßt zu haben, weil ich in dieser Abschiedszeit nicht bei ihm sein könne, schrieb er mir folgendes zurück:

»Dein ›Gefühl des Verlustes‹, weil Du an den Erlebnissen dieser letzten Monate nicht teilhaben konntest, ist für mich nichts Unbekanntes. Ich kenne es aus eigener Erfahrung und bringe es oft vor Ihn. Wenn wir darauf verzichtet haben, einander anzugehören, um seinetwillen, können wir dann nicht erwarten, wenn wir um uns schauen, daß wir irgendwelche Früchte sehen, Früchte dieses unseres Verzichts? Aber danach suche ich vergebens. Ich bin ein Eheloser um des Reiches Gottes willen, auf daß es rascher komme, sich in meinem eigenen Leben überzeugender verwirkliche. Aber wo ist sie, die Beschleunigung seines Kommens, die Verwirklichung? Natürlich ist es falsch, wenn ich nur nach *sichtbaren* Ergebnissen unserer Trennung suche. Einst in der Vollkommenheit — das ist meine freudige Zuversicht — werde ich Früchte sehen, die mir jetzt verborgen sind ...

Und dann noch eine andere Überlegung, die mehr philosophischer Natur ist: Wirklich *verloren* habe ich ja nichts. Ich stelle mir wohl vor, wie schön es ist, dieses oder jenes mit einem anderen gemeinsam zu erleben, und habe das Gefühl eines *Verlustes*, wenn ich es allein erleben muß. Aber laß uns nicht vergessen: Dieser Verlust ist nur ein *vorgestellter*, nicht ein wirklicher. Ich male mir Freuden und Höhepunkte aus in Gedanken an ein Tun miteinander, aber wenn mir diese Hoffnung nicht erfüllt wird, darf mir das nicht die Freude nehmen am Alleintun. Wirklich ist nur das, was ist — nicht aber das, was sein könnte, und deshalb darf ich Gott nicht Vorwürfe machen, als hätte er mir etwas weggenommen: Denn dieses Etwas ist ja gar nicht existent. Und außerdem, die Dinge, die sind, gehören uns, und sie sind gut, von Gott gegeben und dadurch noch reicher. Die Freude an den Dingen, die wir haben, möge nicht in uns ertötet werden durch die Sehnsucht nach den Dingen, die wir nicht haben!«

Ekuador 1952—1956

AUF SEE

Wahrlich, ich sage euch: Es ist niemand, so er verläßt Haus oder Bruder oder Schwester oder Vater oder Mutter oder Weib oder Kinder oder Äcker um meinetwillen oder um des Evangeliums willen, der nicht hundertfältig empfange: Jetzt in dieser Zeit Häuser und Brüder und Schwestern und Mütter und Kinder und Äcker mitten unter Verfolgungen, und in der zukünftigen Welt das ewige Leben.

»Durch den Hochnebel schimmern bleich die Sterne. Halbmond. Phosphoreszierend, als stehe es in Flammen, leuchtet das Kielwasser. Das Schiff rollt leicht auf der langen Dünung, und es weht ein beständiger Wind. Die *Santa Juana* ist auf See.« So begann Jims Tagebuch am 4. Februar 1952. »Heute früh um 2.06 Uhr verließen wir den Liegeplatz im Außenhafen von San Pedro in Kalifornien. Mutter und Vater standen auf dem Pier und sahen zu. Als das Schiff dahinglitt, fiel mir Psalm 60, 12 ein, und ich rief ihnen zu: ›Mit Gott wollen wir Taten tun!‹ Sie mußten weinen. Ich begreife selber nicht, wie Gott mich gemacht hat – mir war nicht im entferntesten nach Weinen zumute, auch jetzt nicht. Freude, reine Freude und große Dankbarkeit erfüllen mich.«

»Heute nacht«, schrieb er am 9. Februar an mich, »liegen wir im Golf von Tehuantepec, ziemlich nah an Land. Es weht ein enormer Wind. Noch nie bin ich so durchgeblasen worden. Soeben komme ich von der Kommandobrücke zurück, dort konnte ich etwas tun, was ich mir schon so lange gewünscht hatte – mich auf den Wind legen. Man kann sich ganz schräg stellen und fällt doch nicht um, man fühlt, wie der Luftzug einem das ganze Gesicht aus der Fasson bringt, und wenn man den Mund richtig hinhält, hört man ihn pfeifen. Das Wasser ist sehr lebendig, übersät mit Schaumkronen, die im Mondlicht silbrig aufleuchten. Wir sind hier genau an der schmalsten Stelle Mexikos . . .

Dies ist die ideale Art zu reisen. Unterkunft und Verpflegung sind ausgezeichnet und die Schiffsoffiziere sehr freundlich. Die sachliche Atmosphäre, die der Frachttransport mit sich bringt, der ständige Anblick von Tauen, Ladebäumen und Seilwinden, die enge Berührung mit der Schiffsmannschaft – alles gibt einer solchen Reise einen besonderen Zauber. Heute war unser sechster Tag auf See, die Zeit ist überraschend schnell vergangen. Der größte Teil unserer Tage ist dem Spanischlesen gewidmet, außerdem unterhalten wir uns viel mit Angehörigen der Mannschaft – mit jedem, der sich mit uns Amis in ein Gespräch einlassen will.«

Nach der Ankunft in Guayaquil, wo die Schiffsreise endete, schrieb Jim in sein Tagebuch:

24. Februar 1952. »Wieder hat uns Gott seine große Freundlichkeit gezeigt. Die Zollstation ließ unser ganzes Handgepäck, insgesamt zwölf Stück, ohne weiteres durchgehen, es wurde nicht einmal aufgemacht . . . Für unser großes Gepäck von 23 000 Pfund brauchten wir nicht einen Pfennig Zoll zu zahlen. ›Herr, du hast angehoben, zu erzeigen deinem Knecht deine Herrlichkeit und deine starke Hand. Denn, wo ist ein Gott im Himmel und auf Erden, der es deinen Werken und deiner Macht könnte nachtun?‹«

Der allmächtige Gott segne dich und mache dich fruchtbar . . ., daß du besitzest das Land, darin du Fremdling bist.

Jim und Pete wohnten fürs erste bei Dr. Tidmarsh. Dort wollten sie bleiben, bis sie soweit waren, daß sie sich bei einer ekuadorischen Familie einmieten konnten. Sie machten sich sofort ans Spanischlernen. In einem Brief vom 29. Februar erzählte Jim den Eltern von seinen ersten Eindrücken:

»Durch diesen Übergang in ein fremdes Sprachgebiet wird man vor ein schwieriges Problem gestellt. Man sieht sofort, wie dringend notwendig es ist, daß man für Christus spricht, und zwar klar und deutlich spricht, so daß man gut verstanden wird, aber dann merkt man seine völlige Hilflosigkeit, weil man nicht ein einziges Wort ohne fremden Akzent sprechen kann, so daß man gleich im ersten Augenblick entlarvt ist. Die Reaktion ist die, daß man resigniert die Hände heben möchte und sich sagt: ›Es ist nutzlos.‹ Aber die Notwendigkeit, für den Herrn zu sprechen, treibt uns, und wir wollen alles daran setzen, diese Sprache richtig zu lernen. Betet doch, daß wir dies erreichen. Gestern haben wir mit dem Stundennehmen angefangen. Ich habe vier in der Woche.

Quito ist eine schöne alte Stadt, malerisch zwischen zwei hohen Bergketten gelegen. Im Westen erhebt sich ein noch tätiger Vulkan, der Pichincha, mit einer dünnen Rauchfahne über sich und grünen, von Gießbächen zerfurchten Hängen, die fast bis oben kultiviert sind.«

Ein anderer Brief an seine Eltern ist vom 9. März:

»Ich habe Kontakt mit einem jungen Ekuadorer aufgenommen, der hier Englisch studiert. Wir sind jeden Tag etwa eine Stunde zusammen und tauschen englische und ekuadorische Ausdrücke aus. Ein netter Kerl, dreiundzwanzig, Abdon heißt er. Betet, daß ich ihm eine Hilfe sein kann zum Verstehen der Schrift. Es wird immer deutlicher, daß wir hier die Aufgabe haben, Eingeborene auszubilden. Wir selber werden nie in der Lage sein, so zu sprechen wie sie selber, und ihren Landsleuten daher nie so nahe kommen können.

Immer mehr spüren wir, daß die Aucas und Cofans in den hinteren Ostgebieten uns aufs Herz gelegt sind, aber wir glauben, daß wir unsere ersten Erfahrungen bei den Urwald-Ketschuas machen sollen, vielleicht auch für ständig. Betet doch, daß wir herausfinden, welche Arbeit er uns zugedacht hat, und daß wir sie tun, um seinen Namen zu verherrlichen.«

Das Tagebuch fährt am 14. März fort:

»Santo Domingo de los Colorados. Erste Nacht unter einem Moskitonetz. Fuhr gestern mit Dee Short und seiner Familie hierher und übernachtete bei ihnen, sie haben hier ein Haus gemietet. Heute morgen auf der Plaza den ersten Colorado gesehen. Von Quito aus fährt man auf einer holperigen Pflasterstraße bergauf, vor einem liegen die drei Gipfel des Pichincha – das oberste Drittel war von Wolken verhangen. Dann erblickt man plötzlich unter sich die tiefen Täler, eingehüllt in Nebeldunst. Allmählich sieht man, wie der Dunst sich teilt, und tiefes, dichtes Grün bricht hervor, hier und da ein weißer Tupfen: ein abgestorbener Baum, Schimmern eines Wasserfalles, ein dünner Rauch. Abwärts, immer weiter abwärts, in gewundene, enge Felstäler, an Wasserfällen und rauchenden Kohlenmeilern vorüber, immer weiter abwärts, bis man in den kalten Nebel eintaucht, der aber gar nicht kalt ist, sondern warm und dampfig. Jetzt verschwimmen die Berge in Wolken, und noch immer geht es abwärts. Der Höhenunterschied vom höchsten Punkt des Weges ab beträgt 3000 Meter. Mit unserem Lieferwagen brauchen wir sechs Stunden. Hier in Santa Domingo – einem aufblühenden Landwirtschaftszentrum mit Negern, Indianern und Mestizen – gibt es in einem Umkreis von hundert Kilometern keinen anderen Missionar.«

27. März. »Am Montag mit einem Obstauto nach Quito zurückgekommen. In den letzten Tagen Freude durch Gemeinschaft mit Christus, obwohl es mir vorkommt, daß mir jetzt, wo ich die Schrift nur auf Spanisch lese, manches von der Frische und Unmittelbarkeit, mit der sie früher zu mir redete, verloren geht. Aber es muß sein, und in absehbarer Zeit, hoffe ich, werde ich den Zuspruch des Geistes in einer noch viel schwierigeren Sprache aufnehmen können.«

6. April. »Das Brotbrechen gab mir viel innere Freude, allein schon als ein Tun zu seinem Gedächtnis. Hier sieht man deutlich, wie notwendig es ist, nicht nur als Ehrung Gottes, sondern für die eigene Seele – damit das Verlangen nach Christus brennend bleibt, damit die Verbundenheit mit ihm neue Wirklichkeit bekommt und alte, konventionelle Vorstellungen geläutert werden.

So Gott will, wird Betty in acht Tagen hier in Ekuador sein.

Seltsam, daß wir nach so kurzer Zeit so nahe zusammengeführt werden, seltsam und wunderbar! Es wird allerlei Gerede geben, besonders in den Staaten, aber hier kommt mir das noch unwichtiger vor als sonstwo. Sollen sie nur reden — Gott wird uns weiterführen. Der Glaube gibt einem soviel Gelassenheit, soviel Vertrauen auf den Gang des Lebens, daß das Reden der Menschen wie Wind ist.«

Trotz seiner Gelöstheit hatte Jim allerlei innere Kämpfe auszufechten. Er freute sich, daß ich nach Quito kam — zum erstenmal seit den Collegetagen konnten wir wieder in unmittelbarer Nähe leben —, aber meine Anwesenheit warf für ihn von neuem die Frage der Verlobung auf. Die Arbeit im Urwald hatte er noch nicht begonnen, er wußte noch nicht, welche Anforderungen sie stellen würde. Andererseits hatte uns Gott, seit wir das Problem zuletzt besprochen hatten, einen Schritt weiter geführt — wir waren jetzt in Ekuador, und dies war seine Fügung. Wie damals ließ Jim sich weniger vom Impuls als von Prinzipien leiten. Er schrieb in sein Tagebuch:

»Herr, du verstehst es. Es ist nicht leicht, aber wir haben es schon viele Male ausgetragen. Was ich dir gesagt habe, halte ich. Solange ich meine Aufgabe, Primitive zu erreichen, *besser* erfüllen kann als Lediger, will ich ledig bleiben. Und das führt mich zu der anderen Frage, die ich so oft vor dich gebracht habe: die *Aucas.* O Herr, wer ist dieser Aufgabe gewachsen?«

5. Mai. »Mich von neuem dargeboten für die Arbeit bei den Aucas, mit größerer Bestimmtheit als je zuvor; gebetet um Tapferkeit im Geist, gutes Spanisch, deutliche Führung.

Klarheit gewonnen in der Frage mit Betty. Ich hatte das Kapitel gelesen, das von Davids Sünde gegen den Hethiter Uria handelt. Das brachte mich darauf, über dessen Haltung nachzudenken. David ließ Uria — offensichtlich in der Meinung, er könne ihn dazu bringen, sich für den Vater von Bathsebas Kind zu halten — aus dem Krieg nach Hause kommen, machte ihn betrunken und versuchte alles, ihn zum Bett seiner Frau zu treiben. Uria aber bleibt bei den Knechten des Königs, und er sagt ihm auch, warum: ›Die Lade und Israel und Juda bleiben in Zelten, und Joab, mein Herr, und meines Herrn Knechte liegen zu Felde, und ich sollte in mein Haus gehen, daß ich äße und tränke und bei meinem Weibe läge? So wahr du lebst und deine Seele lebt, ich tue solches nicht.‹ Es war nicht die *Zeit,* in sein Haus zurückzukehren — das Recht dazu hätte er gehabt, und er war sogar dazu ermuntert worden. Das Gebot der Stunde war der Krieg, und Uria war Krieger. Häusliches Wohlergehen und berufliche Aufgabe dürfen nicht vermengt werden. So kam es auf mich zu. Heiraten ist jetzt nicht meine Sache. Es ist einfach nicht die richtige *Zeit* dafür. Ich sage nicht und habe nicht gesagt, daß sie für mich prinzipiell ausgeschlossen sei. Aber angesichts von unerreichten Stämmen, die nach meiner jetzigen Überzeugung nur durch Ungebundene erreichbar sind, muß ich sagen: ›Ich tue solches nicht.‹«

7. Mai. »Der Mond, fast voll, fand Betty und mich auf den Feldern, nach einem heftigen Regenguß unter einer lockeren Gruppe Eukalyptusbäume. Am Himmel zogen noch Wolken, nur vereinzelt blitzten Sterne auf, aber der Horizont war so klar, daß man im Mondlicht bis zum Cotopaxi und den anderen fernen Gipfeln sah. Noch nie hatte ich eine solche Nacht hier in Ekuador erlebt. Es war eine jener ›erbetenen‹ Stunden des Zusammenseins, herbeigeführt durch das Wetter, das Gott offensichtlich zu unserem Wohlsein lenkte. Auch sonst schenkt er uns in diesen Tagen soviel ›Wohlsein‹. Ich habe Betty und unsere ganze Beziehung ganz schlicht in seine Hand gelegt, und doch ist mir nicht, als hätte ich etwas aufgegeben, etwas opfern müssen. Wir haben keine Pläne geschmiedet, uns nicht den Kopf zerbrochen über Einzelheiten. Meine Liebe zu ihr habe ich ihr erklärt, und auch Ihm habe ich sie bekannt, und so ehrlich ich konnte, habe ich Ihm gesagt, daß ich auch hierin das will, was Er will. Ein Zeichen, das auf Verlobung weist, ist bisher nicht gekommen; was vorherrscht, ist das glückliche Gefühl des ›Freiens‹. Ein Freien, das zwar nicht dem ›Normalen‹, dem Üblichen entspricht, aber doch ein gutes, getragen von der tiefen Überzeugung, daß es von Gott gelenkt ist.«

9. Mai. »Mir ist jetzt klar: Meine Gründe dafür, daß ich mich nicht verlobe, kommen aus der verborgenen Tiefe, aus den Ratschlägen von Gottes Geist. Ich *weiß* es einfach, daß ich es jetzt nicht tun soll — und dieses Wissen ist ein inwendiges, ein gottgegebenes, und ihm muß ich um jeden Preis gehorchen. Der Mensch wird von Gott geführt — *warum* er so geführt, das tut ihm Gott nicht kund. Der Gläubige aber ist an das, was er inwendig weiß, gebunden, wie ich, als ich hier nach Ekuador ging. Die Welt konnte die Gewißheit nicht erschüttern. ›Der Gerechte wird aus Glauben leben.‹ Und Glaube heißt in diesem Fall: daran glauben, daß ich den Heiligen Geist empfangen habe, und daß er in meinem Innern am Werke ist. Dieser Glaube muß bei mir noch fester werden. Daß der Heilige Geist dem Gläubigen innewohnt, ist nicht eine bloße Lehrmeinung. Er wohnt tatsächlich in ihm. Und er ›gibt Zeugnis unserem Geist‹ – er ist es, der in uns das ›inwendige Wissen‹ wirkt.«

Dr. Tidmarsh begann einen kurzen Homöopathie-Kursus für mehrere neue Missionare in der Gruppe. Auch Jim nahm daran teil. In einem Brief vom 15. Mai berichtete er den Eltern:

»Diese Woche nehmen wir die Tropenkrankheiten durch. Heute war die Lepra dran. Der Kursus ist außerordentlich interessant, und ich muß gestehen, ich kann es kaum erwarten, mich selber medizinisch zu betätigen. Eine Gelegenheit dazu hatte ich gestern abend, wo ich Petes Nacken behandelt habe. Er hat öfters Schmerzen im Hinterkopf, und eine Nackenmassage tut ihm dann sehr gut.«

Das Tagebuch fährt fort:

27. Mai. »Heute umgezogen zu Dr. Cevallo. Endlich in einer spanischen Umgebung – Gott sei gedankt! Beim Frühstück, Mittag- und Abendessen sitzen wir mit am Familientisch. Herr, ich danke dir, daß du uns in dieses Haus geführt hast, ich will die Möglichkeiten nach besten Kräften ausschöpfen.«

Im Juni folgte Jim einer Einladung zu einem raschen Abstecher nach Shell Mera. Von dort aus sollten Erkundungsflüge über das östliche Urwaldgebiet unternommen werden, um nach Behausungen von Aucas zu suchen.

»Missionsarbeit mit dem Flugzeug ist anders, als man sich gewöhnlich vorstellt«, schrieb er seiner Schwester Jane, die damals im College in Wheaton war. »Wir sind hier in der Zentralstelle der Flugzeug-Missionsbruderschaft und machen Erkundungsflüge. Wir wollten uns orientieren über die Ketschua-Bevölkerung im Südosten und außerdem feststellen, ob irgendwelche freundlichen Beziehungen bestehen zwischen ihnen und den Aucas, dem einzigen noch wirklich wilden Volksstamm hier. Das ist nicht der Fall, im Gegenteil, gerade sind fünf Ketschuas getötet worden. Wir suchen auch nach Siedlungen von Aucas, haben aber nichts gefunden. Anscheinend halten sie sich verborgen oder sind weiter nach Osten gezogen. Immer mehr wird mir dieses Volk vor die Seele gestellt als eventuelles Arbeitsfeld meines Lebens. Sie sind völlig unberührt und lassen niemand an sich heran. Wenn wir einen Zugangsweg zu ihnen finden sollen, muß ein Wunder geschehen, und um ein solches Wunder beten wir. Der ganze Stamm besteht vielleicht nur aus ein paar hundert Menschen, aber sie sind doch ein Teil der Schöpfung, und der Befehl heißt: ›Lehret *alle* Völker.‹«

Als Jim nach Quito zurückgekehrt war, schrieb er an Eleanor Vandervort nach Afrika:

»Seit Du zuletzt von uns gehört hast, hat Gott uns viel Glück geschenkt, Betty und mir. Sie wohnt in einem Haus direkt gegenüber. Bei einer ekuadorischen Familie zu wohnen, ist das einzig Richtige, wenn man Spanisch lernen will, und wir genießen es enorm. Ach, Van, soviel hätte ich gar nicht erbitten können, wie Gott mir aus freier Gnade geschenkt hat. Ich stehe immer wieder staunend da. Wir hatten nicht darum gebeten, in das gleiche Land gesandt zu werden, geschweige denn an den gleichen Ort und in so unmittelbare Nähe zueinander. Daß wir überhaupt irgendwann vereint würden, selbst davon hatten wir kaum zu träumen gewagt. Aber Träume sind Schäume, sie sind ärmlicher Flitter im Vergleich zu Gottes Fügungen, und sie verdienen nicht den Hauch des Wunderbaren, mit dem wir sie zumeist umgeben. Wunderbar ist nur, was Gott tut. Er allein tut Wunder, seine Hand vermag gar nicht, etwas Geringeres zu tun. Lob und Preis sei dem Herrn, der seine Heiligen so wunderbar führt.

Große Freude finden wir darin, daß wir hierher gekommen sind als Gottes freies Volk – niemand verantwortlich als ihm, von niemand unterstützt und gehalten als von ihm und seiner Verheißung. Es ist eine ganz freie Art von Arbeit – keine Organisation steht hinter einem, man hat nicht mal einen Briefkopf, der einem das Gefühl gibt, daß man zu etwas ›gehört‹. Aber es beglückt einen, daß man aufsehen darf zu Gott, der das, was er verspricht, auch hält.«

Als sich Jim nach fünf Monaten entschloß, Quito zu verlassen, zog er von neuem in Erwägung, ob wir uns nicht verloben sollten – er dachte, das Auseinandergehen würde leichter für uns sein, wenn uns Gott sein Wort der Zustimmung für später gäbe. Aber wieder war die Antwort klar und eindeutig. Das zeigen die Sätze, die er am 12. August in sein Tagebuch schrieb, zwei Tage, bevor er mir Lebewohl sagte:

»›. . . daß ihr den Willen Gottes tut von Herzen.‹ Ach, daß ich ihn doch aus vollem, ungeteiltem Herzen tun könnte! Daß es uns nicht bestimmt ist, uns jetzt zu verloben, dessen bin ich sicher; und ich akzeptiere dies als Gottes Willen, aber ich muß gestehen, nicht mit frohem Herzen. Es ist nicht so, daß meine Ziele (1. sie, 2. die Arbeit, vielleicht bei den Aucas) einander widersprächen. Sie sind kein Widerspruch, aber trotzdem fügen sie sich nicht zusammen. Sie sind zur gleichen Zeit gekommen, und wie bei Zahnrädern, die nicht richtig ineinandergreifen, entsteht ein manchmal fürchterliches Knirschen. Noch habe ich den Urwald im Osten nicht gesehen, noch kann ich nicht beurteilen, ob ich dort als gänzlich Ungebundener leben soll. Aber inzwischen zieht es mich ständig zu ihr hin, ich möchte Tag und Nacht mit ihr zusammen sein, Verlangen des Leibes und Einsamkeit der Seele – so daß das Bücherstudium oft zur Farce wird und das Leben ohne sie mir manchmal sinnlos scheint.«

VERWIRKLICHUNG DES GROSSEN WILLENS

Und er führte uns von dannen, auf daß er uns einführte und gäbe uns das Land . . . So erkenne denn, daß der Herr, dein Gott, der wahre Gott ist, der treue Gott, der den Bund bewahrt.

Am 17. August 1952 schrieb mir Jim aus Shell Mera, wo auf dem Gelände des Bibelinstituts eine Lagerfreizeit für Jungen stattfand:

»In der Dunkelheit Freitag früh überquerte ich die Straße und schlich vor Deinem Haus auf und ab, während Pete die letzten Sachen aus unserem Zimmer holte. Deine Fenster waren dunkel, aber beinahe hätte ich Dich gerufen, denn ich dachte, vielleicht bist Du schon wach. Ich blieb stumm – ich wußte, daß ich von dir weggehen mußte und daß die glücklichsten Wochen meines Lebens nun vorüber waren. An der Kirche mußten wir zwanzig Minuten warten, dann kam unser Omnibus, angefüllt mit achtzehn sehr lebhaften Knaben, und wir drängten uns mit einiger Mühe dazwischen. Ich bekam die Hälfte eines Platzes, auf dem ein Junge saß, Segundo, der den anderen etwas fernstand und dankenswerterweise nicht allzu gesprächig war. Als wir am Bahnhof vorbeifuhren, überkam mich eine große Weinerlichkeit, aber ich unterdrückte sie – ich weiß selber nicht, womit. Das erste Licht des Tages – es übergoß den Cotopaxi mit einem zarten rosa Schimmer, davor stand als schwarze Silhouette der Antisana, und im Norden zerfloß der Cayamba vor dem kalten Grau der Wolken – das Licht ließ meine Traurigkeit allmählich schwinden, es rief Dankbarkeit für die Wunder Seiner Schöpfung wach und erinnerte mich daran:

›Ein Vater läßt die Seinen
doch nicht vergeblich weinen.‹«

Am 3. September fährt das Tagebuch fort:

»*Shandia.* Heute nachmittag um drei flogen wir bei leicht bewölktem Himmel von Shell Mera ab. Landeten um halb vier in Pano und machten den Fußmarsch bis hier in knapp zweieinhalb Stunden. So ist denn der Ort, den der Große Wille mir damals während des Sprachenkurses als Ziel wies, endlich erreicht, und mein Herz ist von Freude voll bis zum Rand. Ach, wie blind wäre es gewesen, die Führung, die Gott damals meinen Plänen gab, zurückzuweisen! Wie sehr hat sich mein Lebenslauf durch sie verändert, welche Unzahl von Freuden ist hinzugekommen. Wenn ich aufblicke zu den gezackten Bergketten am Horizont, überwältigt mich die Großartigkeit dieser Urwaldlandschaft – Baumriesen mit tief ausgehöhlter Rinde und gewaltigen Luftwurzeln, die sich in den Boden schlängeln, tief herabhängende Lianen, kleine Flüsse mit warmem, kristallklarem Wasser – herrlich, einfach herrlich!«

»Shandia ist wundervoll«, heißt es in einem Brief an die Eltern vom 7. September. »Unser Haus liegt ganz nah am Rand eines hohen Kliffs, dem Steilufer eines breiten, grünen Flusses, den die Indianer Atun Yaku nennen, das heißt ›Großes Wasser‹. Hier mündet der kleine, warme Shandia-Fluß in den größeren, viel kälteren Napo, der von den Schneegipfeln des Autisana und Cotopaxi kommt. Nachmittags gehen wir immer baden, man steigt auf fünfundvierzig Stufen, die in den Lehm des Steilufers gehauen sind, zum Wasser hinab. Schwimmen kann man nicht, der Shandia ist zu seicht, und der Atun Yaku hat zu starke Strömung. Vormittags setzen wir fünfunddreißig bis vierzig Männer ein zum Abholzen eines Urwaldstückes für unseren Landestreifen, und während sie arbeiten, studieren wir hier im Haus ihre Sprache.«

In einem späteren Brief schilderte Jim den Eltern die vielfältigen Pflichten, die ihn und Pete den ganzen Tag in Atem hielten:

»Letzten Sonntag war es ein Junge mit gebrochenem Handgelenk, das geschient werden mußte. Mittwoch ein Mann mit einer Schnittwunde. Donnerstag und Freitag eine Frau mit einer schweren Geburt, bei der Dr. Tidmarsh schließlich einen Eingriff machen mußte, unter Assistenz von Pete. Samstag ein Mann mit hochgradigem Fieber, der kilometerweit gegangen war, um hierher zu kommen; wegen seines Zustandes konnte man ihm keine Injektion machen, wir boten ihm an, er könne bei uns bleiben, bis das Fieber nachließ, aber dann war er plötzlich verschwunden. Kurz danach eine Mutter mit Säugling, die Chininspritzen bekam. Auf diese Weise gibt es ständig Unterbrechungen, und es ist fast unmöglich, sich längere Zeit an einem Stück mit dem Sprachelernen zu befassen. Ferner müssen wir dafür sorgen, daß die Männer an den Vormittagen an der Arbeit bleiben, daß der Lehrer (der sich als ziemlich faul erwiesen hat) Bretter für Wandtafeln und Büchergestelle hobelt, daß Eier und Pisangfrüchte gekauft und Salz und Streichhölzer verkauft werden – tausend kleine Dinge, die einen bei der Arbeit unterbrechen, ganz zu schweigen von den niederträchtigen kleinen Stechfliegen, die uns seit Beginn der Hitze ständig zusetzen. Der Landestreifen soll sobald wie möglich fertig werden, und dann wird ein großer Teil der mühsamen Kleinigkeiten wegfallen, und auch die Ausgaben werden sinken. In meinem früheren Leben habe ich nie einen Arbeiter angestellt, und jetzt muß ich vierzig Mann dirigieren. Natürlich, ich bin nicht allein. Wenn ich Pete nicht hätte, der alle Mühen mit mir teilt, ich wäre sicherlich schon wahnsinnig.«

Die Ketschuas gewannen rasch sein Herz – eigentlich hatten sie das schon viel früher getan, lange bevor er sie gesehen hatte. Aber jetzt, wo er mit ihnen lebte, erwachte eine größere Liebe, genauso wie Jesus, »da er das Volk *sah*«, von Mitgefühl ergriffen wurde. Die Ketschuas sind klein und untersetzt, haben eine schöne bronzebraune Haut, dickes schwarzes Haar und starke Backenknochen. Sie wohnen in Häusern, die mit Palmblättern gedeckt sind und nur einen Raum haben; die Wände, wenn überhaupt vorhanden, bestehen aus Bambus oder gespaltenen Palmenstämmen. Dörfer gibt es gar nicht, die Häuser liegen ganz verstreut an Flußufern, eins hier, eins da, deshalb schwer erreichbar. Die Verbindungspfade wechseln von oft knietiefen Schlammseen zu kittartigem Modder, der nur bis zum oberen Schuhrand reicht. Nach dem ersten halben Jahr im Urwald waren die sechs Paar Tennisschuhe, die Jim aus den Staaten mitgebracht hatte, völlig durchgefault.

Aber auch der Matsch konnte seine Stimmung nicht herabziehen; man sieht es an Notizen seines Tagebuchs:

24. September. »Erfüllte, glückliche, fruchtbare Tage. Wie danke ich Gott, daß er mir Pete gegeben hat. Starke Verbundenheit und Übereinstimmung in unseren Auffassungen. Nicht umsonst sind wir ›zu zwei und zwei‹ hinausgesandt worden.«

30. September. »Ein wichtiger Tag für die Arbeit hier. Der erste Flug nach Shandia, den ganzen Morgen Funkverbindung mit dem Piloten. Mindestens hundertfünfzig Indianer sammelten sich an, um das große Ereignis mitzuerleben — die Jungen liefen aufgeregt herum, die Frauen kreischten vor Begeisterung, die Männer drängten sich nach der Landung um das Flugzeug, um sich hineinzusetzen. Wir dankten Gott, daß wir den Landestreifen in so kurzer Zeit fertigstellen konnten. Er gab uns Geld, hielt die Männer in guter Stimmung und erfüllte uns mit Freude bei der Arbeit. ›Dies ist Gott, unser Gott; immer und ewig wird er uns führen, bis zu unserem Tode.‹«

Ein Brief, den ich von ihm erhielt, erzählte weiteres von den Schönheiten von Jims neuer Heimat:

»Der Gesang der Urwaldvögel ist bezaubernd — langgezogene Pfeiftöne, leise und fast schelmisch, sanftes Flöten oder hohe, weiche Kehllaute — am ehesten einer Windharfe vergleichbar. Auch nachts hören wir die Vögel, nur ist das Flöten und Gezwitscher dann gedämpfter und manchmal übertönt von den scharrenden Geräuschen der Grillen und anderer Insekten. Oft denke ich, es wäre schön, all die nächtlichen Geräusche auf ein Tonband aufzunehmen, vom Piepsen der Fledermäuse im Dachstroh bis zum ständigen Rauschen der Stromschnellen. Eigentlich ist es ein Donnern wie bei Meeresbrandung — jedoch nicht rhythmisch, sondern gleichbleibend und ohne Ende. Meistens allerdings dringt es einem nicht mehr ins Bewußtsein, nur beim Hinsehen oder in der Dunkelheit, wenn man liegt und lauscht. Diese Nacht übrigens stieg der Fluß fast einen Meter; die Kanus, die wir gestern abend auf den Strand gezogen und dort angebunden hatten, schaukelten heute morgen in der vollen Strömung, und der trockene Arm mit den weißen Steinen, zwischen der Insel und dem anderen Ufer, hatte sich in einen trüben, schiefergrauen Strom verwandelt.

Manche der Bäume sind wahre Wunder an Größe und Majestät. Einer, den wir vom Haus aus sehen können, jenseits des Landestreifens, hat Wurzeln, die wie Wälle abwärts laufen und den Stamm wie Strebepfeiler stützen.«

Das Tagebuch war für Jim ein Ventil für Gedanken, die er mit anderen nicht teilen konnte, und als er durch den Kurzwellenempfänger hörte, daß ich von Quito wegging, um im westwärtigen Urwald mit dem Untersuchen der Coloradosprache zu beginnen, schrieb er:

»Ich wußte nicht, was ich sagen sollte — mir war, als müßte ich den ganzen Abschiedsschmerz noch einmal durchmachen. Die Briefe werden jetzt viel länger brauchen, Funkgespräche werden seltener sein, die Aussicht, sich zu sehen, rückt in die Ferne. Wieder habe ich alles dem allmächtigen Vater gesagt, wie ich mich nach ihr sehne, wie sehr ich sie hier brauche; und ich muß bekennen, die Tröstungen des Glaubens, meines schwachen Glaubens wenigstens, sind nicht immer völlig ausreichend. Doch ich weiß, daß mein Glaube, so dürftig er auch ist, nicht zuschanden wird . . . O Herr, du hast mich so gemacht und hast mich so geführt — du wirst auch machen, daß ich's kann ertragen, beides.«

Mir schrieb er am 27. Oktober folgendes:

»Das eine weiß ich: Wenn das nächste Jahr genauso von freudigen Überraschungen und staunenswerten Wendungen erfüllt sein wird wie dieses jetzige (und ich sehe keinen Grund, warum man solches nicht erwarten dürfte), dann wird das ein noch stärkeres Zeugnis für die starke, gütige Hand sein, die über uns und auf uns ist, die Hand dessen, der seine Verheißungen wahr gemacht und alles bestätigt hat, was wir in ihm erhofft haben. Ist es nicht wunderbar, so zu leben, Betty, trotz des bitteren Stachels? Von etwas zu träumen und es herbeizuwünschen und darum zu beten, mit ganzer Inbrunst; und dann es ihm anheimzugeben und zu warten und zu sehen, wie er alle Träume still beiseite räumt und durch das ersetzt, was wir nicht erträumen konnten: Verwirklichung des Großen Willens?«

Neben dem gemeinsamen Sprachelernen, der ärztlichen Betreuung, dem Errichten weiterer Gebäude und anderer Tagespflichten, trugen Jim und Pete gemeinsam auch die Verantwortung für die vierklassige Schule. Von den Schülern spricht ein Tagebucheintrag vom 5. November:

»Zur Zeit sind wir dabei, den Indianern Handball beizubringen. Sie spielen gern, nur fehlt ihnen bei Mannschaftsspielen die Geduld und auch die nötige Begabung zum Zusammenspiel. Sie fangen aber doch schon an zu begreifen, und eines Tages werden wir auch kompliziertere Spiele einführen können, wie Softball oder Basketball . . . Das Verhältnis zu den Jungen — es sind zehn bis zwölf — ist sehr kameradschaftlich, aber alle sind sehr ausgeprägt und eigenwillig, jeder meint, er könnte das tun, was er möchte, deshalb muß man ständig irgendwelche kleinen Streitereien schlichten. Jeden Morgen vor dem Unterricht halten wir mit ihnen eine Andacht auf spanisch. Für abends haben wir verschiedene Möglichkeiten — wir führen ihnen Filme vor, zweimal in der Woche, wenn der Strom eingeschaltet ist, oder Dias mit einer Benzinlaterne, oder wir holen sie in den Rundfunkraum und spielen ihnen Radio- oder Grammophonmusik vor oder zeigen ihnen in dem kleinen Guckapparat Farbdias von zu Hause. (Sie finden, wir hätten es zu Hause doch so schön und wundern sich, warum es uns dort nicht gefällt und wir hierher gekommen sind!)«

Ein Brief vom 16. November erzählt vom Tod eines kleinen Kindes, das Jim und Pete behandelten, nachdem der Medizinmann alle seine Heilkünste probiert hatte:

»Wir hatten der Familie Petroleum geliehen, damit sie die Nacht über wach bleiben konnten, aber das ganze Haus war eingeschlafen und wachte erst auf, als unsere Schuljungen mit ihrer Laterne kamen. Die Mutter und die Großmutter hatten die Totenklage der Hinterbliebenen angestimmt, ein gespenstisches, auf- und abgehendes Heulen — grausig, besonders wenn man direkt daneben sich betätigen muß. Da der Körper noch warm war, versuchten wir, ihn durch künstliche Atmung wieder zum Leben zu bringen. Neben dem hohläugigen Baby auf dem schmutzigen Boden kniend, schwitzend und zu Gott flehend, daß das Leben wiederkehren möchte, arbeitete ich über eine halbe Stunde, immer im Zweifel, ob das Pochen, das ich an meinen Fingerspitzen fühlte, von meinem eigenen

Herzschlag oder dem des Kindes kam, und immer mich bemühend, die Totenklage und das ständige Schluchzen der Familie nicht zu hören. Als ich die Sache schließlich aufgab und den Kopf hob und in die trüb beleuchteten Gesichter sah, war der einzige Erfolg, daß das Heulen sich noch steigerte, denn jetzt schwand auch die letzte Hoffnung. Und dann begann das Leichenfest, und in den Gesang der Eltern mischte sich das Lachen der Gäste bei den Spielen. Die Gäste müssen die ganze Nacht hindurch spielen und aus einem ausgehöhlten Kürbis trinken, damit die Hinterbliebenen Unterhaltung haben. Wir blieben nur bis elf Uhr abends und spielten einige Partien Schach. Eine der apartesten Unterhaltungen war die, daß ein Ball aus zusammengepreßtem Kapok mit Petroleum getränkt, angesteckt und zwischen die Gäste geworfen wurde, damit sie munter blieben und tüchtig schrien. Wir warfen auch – und zwei Tage später behandelten wir einen Jungen, der sich dabei verbrannt hatte.«

In dem obigen Brief heißt es dann weiter:

»Ja, ich höre es schon, das Knurren – ›Und das nennt sich missionarische Arbeit?‹ Auch in mir knurrten solche Stimmen. Aber ihre Totenfeiern sind tatsächlich so, und einer, der sich nicht daran beteiligte, würde hier als unhöflich und gefühllos angesehen werden, so wie bei uns zu Hause einer, der nicht zur Beerdigung ginge und keine ernste Miene machte. Es ist eben ihre Art, sie versuchen damit zu vergessen, was für eine traurige und grausame und bittere Tatsache der Tod ist. Bei uns macht man prächtige Särge, schickt Kränze, zündet Kerzen an und trägt schwarze Kleider. Hier macht man Spiele, sitzt die ganze Nacht beisammen und trinkt *waynsa*.«

20. November. »Das Tempo, in dem die Arbeit fortschreitet, ist nicht gerade überwältigend. Von unseren Schülern sind einige ausgeschieden; das Sprachelernen leidet unter den ständigen Unterbrechungen, Post bleibt liegen, und bei Hausbesuchen können wir noch nichts ausrichten, weil wir mit der Ketschuasprache noch ganz in den Anfangsgründen stecken.«

Aus einem Brief vom 25. November:

»Du fragst, ob ich schon ketschuanisch spreche. Nein, bis jetzt kann ich es nicht mal verstehen. Die paar Worte und Sätze, die ich auswendig gelernt habe, sind lediglich ein Verteidigungsmittel bei Gesprächen. Beitragen kann ich nichts. Aber was soll ich machen? Heute morgen zum Beispiel ging ich nach der Andacht in der Schule in mein Arbeitszimmer. Da fiel mir ein, daß einer der Männer, den ich in den Wald geschickt hatte, Bambus für das Krankenhaus zu schlagen, angeleitet werden mußte, den Landestreifen zu mähen. Um neun Uhr ungefähr ist das Gras soweit trocken, daß es sich schneiden läßt, also ging ich hinaus und zeigte einem von den Männern, wie man mit dem Rasenmäher umgeht. Kaum war ich zehn Minuten dort, als Pete mir vom anderen Ende zurief, jemand sei von einer Schlange gebissen worden. Der Vater paddelte uns zwanzig Minuten flußaufwärts; wir fanden seine zwölfjährige Tochter auf einem Bambuslager liegen. Der Biß war schon über eine Stunde alt, und wir mußten allerhand Mittel probieren, bis die Blutung in Gang kam. Als ich nach Hause kam, war es zwölf Uhr. Durch solche Dinge schrumpft die Zeit, die man zum Studieren hat, immer mehr zusammen.«

Sein nächster Brief war vom 2. Dezember:

»Ich merke immer mehr, wie sehr Gott recht hat, daß er uns so geführt hat, Betty. Wenn ich Familie hätte, könnte ich vieles, was ich jetzt tue und was nötig ist, nicht tun (z. B. jederzeit, wenn wir zu Hause sind, Indianer ins Schlafzimmer eindringen lassen). So dagegen knüpfen wir jetzt Kontakte und freundschaftliche Beziehungen an in einer Weise, die für unsere künftige Arbeit hier sehr günstig ist — wir spielen viel mit den Indianern und nehmen so weitgehend an ihrem Leben teil, wie ich es als Ehemann nicht tun könnte, allein schon deshalb, weil ich nicht die Zeit hätte. Es ist ein Übergang.«

4. Dezember. »Sehr oft — in diesem Monat bei der großen Flut von Arbeit ganz besonders — bin ich mir verloren vorgekommen ohne Dich, Betty; mir war, als wenn die Welt in einem Wirbelstrom von Wunderdingen vorüberrauschte, und ich selber ließe ihn verwirrt vorbeiziehen, zwar körperlich daran beteiligt, aber mit meinem eigentlichen Ich doch abseits stehend und nach etwas ausschauend, das sich in dem Wunderstrom nicht zeigte, und dieses Etwas, merkte ich, warst Du.

Viel Trost hat mir Dein Bild gegeben. Es zeigt Dich so, wie ich Dich in der Erinnerung gern sehe — groß und schlank gebaut, mit klaren, ruhigen Augen. Oft spricht es mir Frieden zu, wenn mein Gemüt erregt ist, es gibt meinen Gedanken etwas von der Weisheit, der Geduld des Alters, weil es mich zurückdenken läßt und ich die vielen Orte und Stationen meines Lebens vor mir sehe, an die es mich begleitet hat – die dunkle Eichenholzkommode in dem trüben Appartement in Chester, die aus Ahornholz zu Hause, das Bettischchen in meinem Zimmer bei Cevallos in Quito, die vielen Male, wenn es irgendwo auf meinem Koffer stand und mich plötzlich von der Seite ansah und mich überraschte. Das Bild gibt mir das Gefühl, als hätte es alles mitgemacht, was wir erlebt haben – alles, auch das Jetzige, und es schaut mich an, als wenn es zu mir sagen wollte: ›Zerbrich dir nicht soviel den Kopf, Jim; die Geschichte ist noch lange nicht zu Ende, du hast keinen Anlaß anzunehmen, daß sie als Tragödie enden wird.‹ Und doch, Betty, gerade das befürchte ich zuweilen; wie eine ängstliche Mutter stelle ich mir vor, Dir könnte etwas zustoßen, und ich würde Dich verlieren, und was sollte ich dann machen – wenn mein eigentliches Ich nicht hier ist, wo würde es dann sein können? Wohin sollten die Gedanken meiner Phantasie wandern abends vor dem Einschlafen, wenn Du nicht mehr da wärst? Nichts in diesem Leben würde mich so hart treffen. Komisch – daß *mir* etwas zustieße und Du mich verlörest, daran denke ich nie!«

DREI GLAUBENSPRÜFUNGEN

Dies ist kein Zufall – es geschieht, auf daß euer Glaube sich bewähre und köstlicher erfunden werde als vergängliches Gold, das durch Feuer erprobt und geläutert wird.

Am Abend des 29. Januar 1953 saß ich wie gewöhnlich an einem Kartentisch in einem strohgedeckten Haus im westlichen Urwaldgebiet und arbeitete an meinen Aufzeichnungen über die Coloradosprache. Durch die nächtlichen Geräusche mit ihrem Ticken, Flöten, Schnarren, Summen drang plötzlich Pferdehufschlag. Ich ging mit der Laterne hinaus und sah, daß es ein Bekannter war aus einem Dorf, das ungefähr zehn Kilometer entfernt lag. Er überreichte mir ein Telegramm. Jim erwartete mich in Quito.

Am nächsten Tag ritt ich nach Santo Domingo de los Colorados, und am Tage darauf, nach einer zehnstündigen Fahrt in einem Bananenauto, das mich zu der 3000 Meter höheren Ebene hinaufbrachte, erreichte ich am Abend Quito.

Jim wohnte bei der Familie von Dr. Tidmarsh. Am 1. Februar schrieb er an die Eltern:

»Ich ließ Pete und Dr. Tidmarsh am Donnerstag in Shandia zurück und fuhr mit Gwen in ihrem Dodge nach hier. Ich genieße die Abwechslung und das Zusammensein mit Ed McCully (der soeben eingetroffen war) und mit Betty außerordentlich. Das könnt Ihr erst ganz verstehen, wenn ich Euch sage, daß ich Betty gestern abend einen Verlobungsring gegeben habe. Daß ich mich verloben sollte, stand für mich schon seit Monaten fest, es fehlte nur noch, daß sich eine Möglichkeit des Zusammentreffens fand und daß Betty ja sagte. Das hat sie getan. Eigentlich wollte ich ihr den Ring schon zum Geburtstag schenken, am 21. Dezember, aber da ich Pete nicht in Shandia allein lassen wollte, denn Dr. Tidmarsh war damals hier in Quito, mußte ich vierzig Tage und Nächte warten, bis ich Betty fragen konnte. Ich glaube, daß ich bei diesem Schritt im Einklang mit Gottes Willen bin. Ich habe ihn bestimmt nicht ohne reifliche und lange Überlegung getan, und die innere Ruhe, die er mir bei diesen Überlegungen seit vorigem Herbst geschenkt hat, bestätigte meine Gewißheit.«

Schon knapp acht Tage später wurde diese »Gewißheit« zum erstenmal auf die Probe gestellt. Auf Grund einer Röntgenuntersuchung, die bei mir gemacht worden war, wurde uns gesagt, ich hätte offene Tuberkulose. Da ich wußte, genauso wie Jim, daß er gerufen war, bei den Urwaldindianern zu leben, war ich der Ansicht, daß wir unsere Heiratspläne aufgeben mußten, denn auch wenn ich geheilt würde, würde ein Leben im Dschungel nicht ratsam für mich sein. Jims Hoffnung jedoch blieb unverändert.

»Sofern ich überhaupt Pläne hatte, haben sie sich nicht geändert«, berichtet sein Tagebuch. »Ich werde Betty heiraten zu der Zeit, die Gott bestimmt, und das wird auch für uns das allerbeste sein, selbst wenn wir Jahre warten müßten. Gott hat uns nicht so weit geführt, um alles wieder rückgängig zu machen, und er weiß genau, wie man Tuberkulose behandelt. Wie das aussehen wird, weiß ich nicht. Ich weiß nur, daß Gott mit denen ist, die rechtschaffen vor ihm wandeln, und daß er ihre Schritte richtig lenkt. Außerhalb von seinem Willen und Beschluß gibt es keine gangbaren Pfade; nur auf der Bahn, die er uns führt, ist fester Boden. Dort stehe ich jetzt, und mehr begehre ich nicht.«

»Euch geschehe nach Eurem Glauben.« Jims Glaube wurde belohnt — noch in der gleichen Woche zeigten weitere Untersuchungen, daß meine Lunge ganz in Ordnung war.

Jim war gut ein halbes Jahr bei den Ketschuas, als er mir schrieb:

»Es ist eine große Freude, daß ich jetzt kleine Andachten in der Ketschuasprache halten kann, obwohl ich offen zugeben muß, daß meine Sprachkenntnisse noch sehr kümmerlich sind. Heute morgen habe ich über das Gleichnis aus Lukas 14 gesprochen, von den Leuten, die die Einladung zu dem großen Mahl zurückweisen, und ich war sehr beglückt, als ich manchen Gesichtern ansah, daß sie den Sinn verstanden hatten. Ach, Betty, bete doch, daß Gott uns Seelen für Christus aus dem Urwald gibt und das wir uns an jenem Tage gemeinsam freuen können über Menschen dieses Volksstammes, die durch unser Reden und durch Dein Beten zum Glauben gefunden haben. Denn das, was wir vorher mehr in der Theorie gewußt haben, das erleben wir jetzt praktisch: ›Wo der Herr nicht das Haus baut, da arbeiten umsonst, die daran bauen.‹ Nichts kann das Herz dieses Volkes wandeln als der Geist Gottes selbst, und zu ihm flehen wir, wenn wir immer wieder merken müssen, wie hilflos wir in dieser Sprache sind.

In der letzten Zeit ist mir wieder sehr stark aufgegangen, wie unbedingt nötig es ist, daß das Gewissen von Gott *selbst* geweckt wird. Ich selber weiß es nicht, wie oder wo ich ansetzen muß, damit ein Mensch beginnt, ernsthaft über Sünde und Gericht nachzudenken; ich muß vielmehr ausschauen und sehen, ob der *Heilige Geist* irgendwo zu wirken begonnen hat und mir zeigt, wo die Ansatzstelle auch für mich ist. Und bete doch, daß es hier so kommen möge, Betty, daß Gott das Werk in seine eigene Hand nimmt und daß er es auf SEINE Art tut. Wenn ich erleben würde, daß einer der jungen Indianer, von denen wir jetzt wissen, daß sie Freunde sind, Christus ehrt und offen bezeugt, das wäre so, als wenn ich mit meinen eigenen Augen ein Wunder geschehen sähe. Ein Wunder wäre es ja auch, aber nie ist mir das so deutlich klar geworden wie jetzt. Gott muß sein Werk tun, sonst kann nichts geschehen, und auf ihn warten wir jetzt hier.«

Im Mai ging Jim nach Quito, um an einer Tagung der Studentischen Missionsvereinigung teilzunehmen und sich mit mir zu treffen. Wir verlebten zwei glückliche Wochen, kauften

Sachen ein für die Bauten in Shandia und besuchten Freunde. Dann fuhren wir gemeinsam zu der Missionsstation westlich der Anden, wo ich meine Arbeitsstätte hatte. Von dort mußte Jim zunächst nach Quito zurück. Über diese Fahrt, die er in einem altersschwachen Lastwagen mit Bananen machte, schrieb er mir in seinem nächsten Brief:

»Von allen Touren, die ich je gemacht habe, war das die schwierigste und, im Vergleich zu ihrer Dauer, mit Abstand die teuerste. Kurz nachdem wir aus dem Ort herauskamen, war in der Benzinpumpe lauter Wasser. Nach etwa hundert Kilometern hatten wir einen Plattfuß – bis die Sache repariert war, war es drei Uhr. Von dort nach Chiriboga hinauf krochen wir mit einem Durchschnittstempo von sieben Kilometern. Um neun Uhr abends kamen wir an der Schranke an, aber der Wächter weigerte sich, uns durchzulassen. Nach einem reichlich unbequemen Schlaf im Führerhaus des Wagens konnte ich ihn schließlich um fünf Uhr morgens bereden, die Schranke aufzumachen. Der Fahrer ermunterte mich dann, einen anderen Lastwagen zu nehmen; er sei nicht sicher, ob er mit seinem überhaupt bis Quito kommen werde. Als ich meinen Koffer nehmen wollte, stellte sich heraus, daß er gestohlen war. Während unserer langen Schneckenfahrt nach Chiriboga hinauf war nämlich der Transportbegleiter ins Führerhaus gekommen, weil es regnete. Danach war wahrscheinlich irgend jemand hinten aufgesprungen und hatte meinen Handkoffer samt dem Gepäck von anderen Mitfahrern hinuntergeworfen, während wir alle ahnungslos vorne aufeinander hockten. Schau Dich um nach einer grünen Ölhaut, einer Siebzig-Dollar-Kamera, Lichtmesser, Mundharmonika, meinen sämtlichen Farbdias, Schuhen, Nylonhemden, wollenen Arbeitshosen. Und sage allen Senoritas in San Miguel, daß sie ihre Briefe neu schreiben müssen und sie jemand mitgeben, der zuverlässiger ist als ich ...«

Das Tagebuch fährt fort:

14. Juni. »Dies wird in späteren Tagen vielleicht ›die Zeit der großen Flut‹ heißen. Es begann vor etwa einer Woche; die letzten fünf Tage und Nächte hat es ununterbrochen geregnet. Vorgestern sahen wir an der Wand des Flußufers, weiter unterhalb, mehrere große Erdrutsche, und für den Fall, daß das Wasser plötzlich weitersteigen würde, befestigten wir am Sockel des Motorhauses und am Generator ein starkes Seil und knoteten es an einen Orangenbaum. Heute morgen beim Frühstück sah man deutlich, daß das Toben des Napo noch im Zunehmen war, daß er zu einem Großangriff ansetzte. Der Höhepunkt kam zwischen zehn und zwölf. Inzwischen hat die Wut etwas nachgelassen, aber von der Uferwand sind weitere große Stücke abgefressen worden, zwischen unserem Haus und dem Rand des Uferhangs sind jetzt nur noch fünfzehn Meter.«

Am 17. Juni schrieb mir Jim, wie sie sich entschieden hatten:

»Ed und Marilou sind zu dem Schluß gekommen, daß wir den ganzen Neubau nach rückwärts verlegen sollen — alles wieder abtragen, was wir schon gemacht haben; die Zementpfosten und alles hundert Meter weiter nach hinten transportieren. Der Entschluß hat sie einen furchtbaren Kampf gekostet. Die Verlegung wird uns zwei Monate in unserem Arbeitsplan zurückwerfen, aber das Entmutigende ist, daß wir das, was wir schon geschafft hatten, alles wieder niederreißen müssen. Trotz alledem, die Stimme des Herrn ist zu mir gekommen, und ich bin froh, das zu tun, was er befiehlt.«

In sein Tagebuch schrieb er Mitte Juli:

»Gott, mein Herr und Vater, ich rufe zu dir, daß du in alle Wege meines Lebens heute eintretest und jede seiner Einzelheiten mit mir teilst, so wie du mich gerufen hast, daß ich an deinem Leben teilnehme und allen seinen Wundern. Und wie ich Anteil habe am Schicksal, an der Herrlichkeit und an den künftigen Dingen deines Sohnes, so möchte ich, daß er an meinem geringen Erdenschicksal teilnimmt, an dessen Freuden und an allen seinen kleinen Angelegenheiten, auf daß wir eins seien, du und ich, wie wir es sind in Christus.«

In der Nacht, unmittelbar nach dieser Auslieferung des Herzens, wirkte Gott das »umstürzende Ereignis«, das Jim erhofft und zugleich befürchtet hatte. Der Regen, der die ganze Woche fast ununterbrochen angehalten hatte, steigerte sich zu Wolkenbrüchen und ergoß sich sechsunddreißig Stunden lang unbarmherzig auf die Erde. Als ich am Nachmittag des nächsten Tages in Dos Rios — einer Missionsstation, sechs Stunden von Shandia entfernt, wo ich angefangen hatte, Ketschua zu lernen — an den Sprechfunkapparat ging, hörte ich aus Shandia Jims Stimme:

»Das Ufer ist jetzt nur noch fünf Meter vom Haus entfernt. Der Fluß unterspült das Ufer immer weiter. Wenn du um zwei

Uhr nichts von uns hörst, weißt du, daß wir das Haus aufgeben mußten.«

Um zwei Uhr war nichts zu hören. Auch an den beiden nächsten Tagen nicht. Ich versuchte, einen Indianer zu finden und nach Shandia zu schicken, um festzustellen, was passiert war, aber alle sagten, die Flüsse seien unpassierbar, und keiner wollte sich auf das Unternehmen einlassen. Aber einer fand sich schließlich doch bereit, hinzugehen und brachte folgenden Brief von Jim mit:

1. August, Samstag. »Shandia existiert nicht mehr. Diese Zeilen schreibe ich an einem Feuer draußen, umgeben von Indianern, die zusehen und mir sagen, was ich schreiben soll. Am Donnerstagnachmittag um drei brach das erste Haus zusammen, und die Zwischenzeit haben wir damit verbracht, unser ganzes Zeug vom Fluß weiter wegzuschleppen; nur die vorige Nacht haben wir geschlafen, die ganze Nacht, mit dreißig Indianern unter einem Dach. Die meisten Sachen haben wir jetzt hier, unter provisorischen Schutzdächern. Die schwereren allerdings – Motor, Fässer, Kühlschrank – liegen an verschiedenen Stellen im Urwald (wir hoffen, daß sie von der Flut nicht erreicht werden). Dank der aufopfernden Hilfe sämtlicher Indianer ist das meiste gerettet, obwohl wir einiges durch Diebstahl verloren haben. Verlorengegangen sind auch die Bretter, die wir von den Häusern gerissen hatten, die Indianer waren zu abgekämpft, um sie noch vom Fluß wegzuschleppen. Die Schule sank um Mitternacht dahin, die Schulküche in den ersten Morgenstunden gestern; am Nachmittag krachten auch das Krankenhaus und unsere Indianerküche zusammen. Sende doch bitte das folgende Telegramm an Mr. K. L. Fleming, 1403 Tenth Avenue, Seattle:

›Shandia von Flut zerstört. Sachen gerettet. Alle wohlauf. Benachrichtigt Portland. Gruß Pete.‹

Heute wollen wir versuchen, unser Zelt aufzuschlagen und einen provisorischen Haushalt in Gang zu bringen. Es war sehr fürsorglich von Dir, daß Du uns Brot geschickt hast. Wir fanden etwas Butter und Honig, und gestern haben wir uns eine Hühnersuppe gemacht – die erste richtige Mahlzeit seit sechsunddreißig Stunden. Es tut mir leid, daß ich Dir nicht früher Nachricht geben konnte, aber als Dein Bote kam, waren wir gerade sehr beschäftigt mit Sachenschleppen, und bis gestern abend hatte ich keine Ahnung, wo das Schreibzeug war. Das neue Haus ist jetzt ganz nah am Uferrand, und von unserer Landebahn haben wir ein Achtel verloren. Ob sie es riskieren werden, trotzdem zu landen, kann ich nicht sagen. Wenn ja, brauchen wir Antennendraht für das Radio. Die Indianer, die ihn bewachen sollten, haben nicht genügend aufgepaßt. Neben mir auf dem Feuer blubbert unser Frühstück, und durch die Bäume dringt eine wunderschöne Morgendämmerung. Wir beide sind gesund und munter und warten auf Gott, daß er uns seinen Plan zeigt, was aus der Station jetzt werden soll.

Meine Liebe haben die Wasser nicht ausgelöscht. Wie dieser Plan sich für uns auswirken wird, weiß ich nicht. Hier zu hausen, scheint einem jetzt etwas sinnlos, und für die nächste Zeit können Ed und Marilou nicht nach hier übersiedeln. Auch im Matsch und Wirrwarr und Zerfall in diesen letzten Tagen habe ich Dich sehr geliebt, und aus irgendeinem Grund habe ich mir gewünscht, Du wärest hier – wozu, weiß ich selbst nicht, denn wir hätten keinen Augenblick zusammen sein können. Wir haben ungezählte Einladungen von Indianern, bei ihnen zu wohnen, und unser Küchenjunge ist sehr tüchtig und fischt nach besten Kräften aus dem nassen Durcheinander unserer Sachen das Nötige heraus. Uns geht es gut, in ein paar Tagen werden wir uns wieder installiert und alles verstaut und neu organisiert haben und auch wieder trocken sein. Für Schulunterricht sehe ich im Oktober keine Möglichkeit. Vielleicht können wir die Fundamente von Eds Haus für kleinere Behausungen benützen. So, der Maisbrei ist fertig. Für heute Schluß. Immer Dein Jim.«

Auf diesen Brief hin brach ich sofort mit einer kleinen Schar Indianer von Dos Rios auf, um in Shandia, wenn irgend möglich, zu helfen.

Erst am 15. August kam Jim dazu, wieder etwas in sein Tagebuch zu schreiben:

»Zwei Wochen sind vergangen, seit ich etwas eingetragen habe, und diese zwei Wochen haben mich älter gemacht. An dem Tag, an dem ich auf die vorige Seite das Gebet schrieb, hat der Atun Yaku Shandia ausgelöscht. Das Wochenende war trübe, nur dadurch aufgehellt, daß am Sonntag Betty zu uns kam. Dann folgte das mühsame Geschäft, die ganzen Sachen zusammenzutragen, zu sortieren, zu trocknen und irgendwo zu stapeln. Am Dienstag kam Ed, wir redeten und überlegten, was wohl Gottes Absicht für die nächste Zukunft sei, machten Pläne und verwarfen sie. Dann wieder Sachen sortieren, in Sicherheit bringen, unbrauchbar Gewordenes wegwerfen. Es regnete am nächsten Wochenende und riß ein weiteres Stück von der Uferböschung weg, so daß die eben erst zurückgezogenen neuen Fundamente wertlos wurden und wir unsere ganzen Pläne wieder ändern mußten. Dienstag montierten wir die Querträger des Fundamentes ab, und in der Nacht bekam ich meinen ersten leichten Anfall von Malaria. Ed und Pete flogen Mittwoch morgen ab, und der Tag ging dahin mit Fieber, Schüttelfrost, Körperschwäche und Schmerzen. Legte mit Mühe die Querbalken für das neue Lagerhaus. In der Nacht, während ich mich von einer Seite auf die andere warf, sah ich das Leuchtzifferblatt meiner Uhr flimmern und las jede Stunde ab von Mitternacht bis fünf. Ständig Schwindel und Kopfschmerzen, dazu völlige Appetitlosigkeit; das einzige, worauf ich Lust hatte, war Limonade (die ich als einen großen Segen Gottes ansehe, angesichts der ungezählten Liter, die ich in diesen drei letzten Tagen zu mir nahm). Heute nachmittag entschwanden Nate und Dr. Tidmarsh. Gegen Abend erreichten die seelischen Symptome der Malaria ihren Höhepunkt. Wenn die körperliche Arbeit wegfällt (ich konnte nichts als sitzen und den Männern sagen, was sie machen sollten), arbeitet der Geist mit Hochdruck. Meine Gedanken waren furchtbar. Ich wußte nicht mehr, ob ich Betty liebte. Ich brachte es nicht fertig, auch nur zwei Sätze zu beten. Ich wurde ungeduldig mit den Arbeitern. Es war furchtbar. Einer solchen Teufelsflut von krausen, unbeherrschten, niederträchtigen Gedanken hätte ich meinen Geist nicht für fähig gehalten, besonders beim Beten. Gott verzeihe mir. (Er hat mir verziehen. Ich habe es im Glauben aufgenommen.)

Allmählich wird es etwas kühler. Die vorigen Tage war ich um diese Zeit schon ins Bett gesunken. Vielleicht schlafe ich diese Nacht, wenn ich etwas länger aufbleibe. Das Lagerhaus ist ein Stück weiter gediehen, die Wandpfeiler stehen, Tür, Fenster und Dachplatten sind fertig, auch ein Teil des Aluminiums. Durch Gottes Güte fühle ich mich wieder kräftiger und verzehre mit Genuß das gute Essen. Heute abend waren es rohe Möhren, Tomaten, Pflücksalat und Blumenkohl mit selbstgemachtem Essig, Gemüsesuppe und ein winziges Stückchen Schokoladenkuchen aus Shell Mera. Gott sei Lob und

Dank für alles. Dies ist ein guter Abend hier, wo einmal Shandia war.«

16. August. »Keine große Besserung heute. Hielt morgens eine Andacht mit etwa dreißig Indianern im Freien (da ein geschlossener Raum dafür nicht mehr vorhanden). Luis und Lukas predigten. Zum erstenmal habe ich einen Indianer die Auferstehung so verkündigen hören, wie sie verkündigt werden sollte. Bin ziemlich matt und elend. Ein paar Leute verarztet und in der Küche Wäsche gefaltet. Das Zelt war heute nachmittag zum Ausruhen zu heiß. Ging zum Talac und badete dort in Ruhe und allein. Das erstemal, daß ich wieder so weit gehen konnte.

Das Folgende kam mir, als ich nach dem Abendessen hier am Flußufer saß:

›Weil von dir, o Gott, alles herkommt, weil aus deinem eigenen Mund der Odem in uns einging, weil du das Meer von Luft geschaffen hast, in dem wir schwimmen, und es über uns mit unsichtbaren Banden in der Schwebe hältst; weil du aus deinem liebevollen Herzen und mit weisem Sinn und starker Hand uns die Erlösung sandtest; weil du, o Gott, der Anfang aller Dinge bist, deshalb bete ich dich an.

Weil du das Ende jedes Weges bist, das Ziel des Menschenlebens; weil zu dir von allen Völkern Preis und Ehre kommen soll, vor dir anbeten werden alle Geschlechter der Heiden; weil Äthiopien seine Hand nach dir ausstrecken wird, Säuglinge dein Lob singen werden; weil dein Altar den Sperlingen Schutz gibt, den Sündern Frieden und die Teufel zittern läßt; weil ›zu dir alles Fleisch kommen wird‹, weil alles in dich wieder einmünden wird: Du seiest gepriesen.

Weil du entschlossen bist, deinen Sohn zu rechtfertigen, und seine Macht offenbaren und ihn bald wieder zur Erde senden wirst, daß er von allen gesehen werde; weil der Name Jesus mit Hohn an ein Kreuz genagelt wurde und auch jetzt noch sehr gering geachtet wird auf Erden, und weil du diesen Namen an den Tag bringen wirst; weil du, o Gott der Gerechtigkeit, Recht schaffen wirst meinem Herrn Jesus Christus, deshalb bete ich dich an.‹«

Bei einer Beratung mit Pete, Ed und Dr. Tidmarsh wurde beschlossen, eine Erkundungsfahrt in das südliche Ketschuagebiet zu machen; vielleicht hatte Gott durch die Zerstörung Shandias anzeigen wollen, daß ein anderer Standort gesucht werden sollte. Ich selbst wurde gebeten, während der Abwesenheit der Männer in ihrem Zelt in Shandia zu wohnen und die Läger mit den wertvollen Ausrüstungsgegenständen zu bewachen, die nur durch aufgepflockte Aluminiumplatten geschützt waren.

Drei Wochen lang durchstreiften die drei Männer — Pete, Jim und Ed — zu Fuß und mit dem Kanu den Urwald, suchten die Indianer an den Ufern des Bobonaza auf, schätzten die Bevölkerungszahl ab und erforschten die Möglichkeiten für Eröffnung neuer Stationen.

Einundzwanzig Tage mit sengender Sonne und strömendem Regen und schmerzenden Muskeln — die schwerfälligen Einbaumkanus der Indianer werden mit Stangen vorangestoßen — gaben den Männern ein recht realistisches, praktisches Bild von den Freuden des Urwaldforschens, auf das sie sich so gefreut hatten. Jim und Ed bekamen »Urwaldfäule«: Die ständige Nässe weicht die Fußsohlen so auf, daß sich die Haut ablöst.

Schließlich, nachdem sie die Kanus zehn Tage lang in mühsamer Arbeit wieder flußaufwärts gestakt hatten, landeten die drei »Gringos« wieder in Canelos, und von dort kehrten sie auf einem Fußmarsch nach Shell Mera zurück, von der festen Überzeugung erfüllt, daß Gott bei den vielen Ketschuas, die sie besucht hatten, eine Aufgabe für sie habe.

Als Jim wieder in Shandia war, erzählte er mir, daß unter den vielen Stellen, die sie gesehen hätten, eine besonders verheißungsvoll sei — am Zusammenfluß des Pastaza und des Puyo. Dort wohnte Atanasio, ein Indianer mit fünfzehn Kindern; er hatte die drei Weißen gebeten, zu ihnen zu kommen und dort zu wohnen und eine Schule aufzumachen. Diese Bitte — es war das erstemal, daß sie ein solches Ansuchen von einem Indianer gehört hatten — durfte nicht leichtfertig abgelehnt werden. Die Freundschaft und das Vertrauen von Urwaldindianern zu gewinnen und an einem neuen Ort eine Niederlassung zu gründen, ist gewöhnlich eine sehr problematische Sache, die außerdem viel Zeit erfordert. Hier nun fiel dieses Problem ganz weg. Die drei waren sich ohne weiteres einig gewesen, daß sie Atanasios Einladung annehmen mußten.

Ed war der Ansicht, daß er und Marilou, wenn sie jetzt mit dem Studium der Ketschuasprache beginnen würden, nicht nebenher noch die Pflichten erfüllen könnten, die die Eröffnung einer neuen Missionsstation mit sich bringt. Er beschloß daher, sich vorübergehend in Shandia niederzulassen und sich dort ein einfaches Haus aus Bambusstangen zu bauen. Um ihn sowohl beim Sprachelernen als auch bei der Leitung der Station zu unterstützen, mußte einer der unverheirateten Männer ebenfalls in Shandia bleiben. Wer konnte dann die neue Station in Puyupungu eröffnen? Die Antwort, meinten die drei Männer, liege klar auf der Hand.

»Also«, sagte Jim, als er mir davon berichtete, »wie bald willst du mich heiraten?«

SIEHE, DAS IST UNSER GOTT

Zu der Zeit wird man sagen: Siehe, das ist unser Gott, auf den wir geharrt haben.

Eine der Fragen, in denen Jim und ich uns schon vor Jahren einig gewesen waren, war die, daß eine Hochzeit im üblichen Stil für uns beide nie in Frage kommen würde. Mir machte es wie den meisten Frauen Freude, bei Trauungen anderer dabeizusein, nur mich selber konnte ich mir in einer solchen Aufmachung nicht vorstellen. Jim dagegen verachtete Trauungen überhaupt.

So entschieden wir uns für Ziviltrauung und legten sie auf den 8. Oktober, Jims Geburtstag. Einige Tage vorher berichtete Jim seinen Eltern von unserem Beschluß:

»Es kann uns niemand vorwerfen, wir hätten die Dinge überstürzt, weil wir uns innerhalb von weniger als drei Wochen zum Heiraten entschlossen hätten — wir lieben uns seit über fünf Jahren und haben, glaube ich, die Zeichen von Gottes Zustimmung oder Ablehnung so gewissenhaft beachtet wie nur jemand. Daß wir uns nur standesamtlich trauen lassen wollen, versteht wahrscheinlich niemand, aber wir tun es trotzdem — wir sind überzeugt, daß Gott uns lenkt und unsere Motive kennt, und nur auf *sein* Urteil kommt es an. Unsere Heirat ist ja nicht das erste, womit wir die öffentliche Meinung zum Widerspruch gereizt haben. Auch daß wir so lange mit der Verlobung gewartet haben und daß ich alleine in den Urwald ging, haben die meisten sich nicht bemüht zu verstehen. Mich kümmert das, was die Leute sagen, überhaupt nicht. Es war eine lange Lehrzeit, bis ich das gelernt hatte: nur vor Gott zu leben, sich das Gewissen nur von ihm formen zu lassen und nichts zu fürchten als das Abweichen von seinem Willen. Aber ich lerne es immer mehr, und anders möchte ich nicht leben. Wie Paulus möchte ich immer sagen können: ›Mir ist es ein Geringes, daß ich von Menschen gerichtet werde; Gott ist's, der mich richtet.‹«

Wahrhaftig, es war eine »lange Lehrzeit« gewesen – angefangen von den Tagen, als wir gemeinsam Thukydides gelesen hatten; danach die Monate des Schweigens, dann der Beginn des Briefwechsels; die Tage bei Jims Eltern und an der Küste von Oregon; Jahre der Ungewißheit über das Missionsfeld; danach Weisung und Gewißheit; dann Ekuador; Zusammensein in Quito; getrennte Wege in den Urwald, der eine östlich, der andere westlich der Anden; wieder Quito, Verlobung; neue Trennung; die Überschwemmung im Juli; die Fahrt zum Bobonaza im August . . . und dann der 8. Oktober 1953.

»Die auf mich harren, werden nicht zuschanden werden.« Ohne jedes Aufheben wurden wir in Quito auf dem Standesamt getraut. Sie waren wundervoll schlicht und einfach, diese zehn Minuten – ein hoher, etwas schnuddeliger Raum in einem alten Haus im Kolonialstil; ein entsprechend feierlicher Beamter las mit monotoner Stimme und in raschem Tempo einen mehrere Seiten langen Text auf spanisch vor, unterbrochen hier und da von unserem »Si«. Außer Dr. Tidmarsh und seiner Frau, unseren Trauzeugen, waren Ed und Marilou die einzigen Anwesenden. Wir schrieben unsere Namen in ein großes Hauptbuch und waren Mann und Frau.

Nach den Flitterwochen in Panama und Costa Rica kehrten wir nach Quito zurück, um unsere Ausrüstung für die Übersiedlung nach Puyupungu zu packen. Umgeben von Koffern und Kisten, fand Jim ein paar Minuten Zeit, einen Brief an seine Eltern zu schreiben, den ersten seit der Hochzeit, am 28. Oktober:

»Wir sind sehr, sehr glücklich – alles, was wir sind und haben, haben wir jetzt gemeinsam. Zur Zeit wohnen wir in der *bodega*, einem Haus, das unsere Gruppe gemeinsam gemietet hat als Aufbewahrungsort für unsere Sachen. Auch die anderen Missionare sind größtenteils jetzt hier in Quito, und wir haben viel zu tun mit dem Packen der Sachen für Puyupungu. Ich sitze neben einem kleinen Schließkorb, den Betty gerade vollpackt.

Am Samstag sind wir aus Panama zurückgekommen; jedes der Hotelzimmer hatte einen eigenen Balkon, der unsere ging direkt auf den Stillen Ozean hinaus.«

Das Hotelpersonal war größtenteils zweisprachig, und Jim und ich hatten uns öfter damit amüsiert zu beobachten, daß sie den Gästen immer anzusehen schienen, in welcher Sprache sie mit ihnen reden mußten. Jim wollte ausprobieren, ob er sie nicht reinlegen könne. Eines Morgens, als er an den Verkaufsstand trat, wurde er mit einem höflichen »Good morning, Sir« begrüßt.

»Ay would laik wan rroll of teerty-faive milimiter film«, sagte er, indem er mit großer Vollendung einen englisch sprechenden Südamerikaner mimte.

»Muy bien, señor«, lautete die prompte Antwort.

Ich war natürlich ganz verdattert, aber ich bewahrte meine Fassung, bis wir im Lift waren. Ich machte mir klar, daß ich jetzt die *Frau* dieses unberechenbaren Menschen war.

In dem obigen Brief von Jim an seine Eltern heißt es weiter:

»Wir blieben dort acht Tage, dann flogen wir nach San José in Costa Rica, wo wir Dave (meinen Bruder) und Phyl mit unserem Besuch überraschten, mitten in ihrem Spanisch-Kursus. Sie wußten nicht mal, daß wir geheiratet hatten, geschweige denn, daß wir sie besuchen würden.

Sowohl in Panama als auch in Costa Rica haben wir mit aufgerissenen Augen die Auslagen in den Schaufenstern angestaunt, wie halbnackte Wilde, die zum erstenmal in ihrem Leben eine Stadt sehen.«

Als wir schließlich unsere Sachen in Schließkörben und Koffern mit Ölpapier gut verpackt hatten, brachen wir von Quito auf und flogen nach Shell Mera, wo wir bei Nate und Marj Saint in der Zentralstelle der Luftfahrt-Missionsbruderschaft übernachteten. Am nächsten Morgen fuhr uns Nate im Auto nach Puyo, der letzten Stadt auf unserem Weg. Dort hatte Jim Kanus für uns bereitstellen lassen. Unser Gepäck wurde eingeladen, und dann fuhren wird den Puyo-Fluß hinunter, unserer neuen Heimat zu.

Am Spätnachmittag, als die Sonne sich schon neigte, hörten wir einen langgezogenen Ruf, und etwas weiter unterhalb tauchte Atanasio auf, das Oberhaupt von Puyupungu, mit mehreren Kanus voller Freunde. Sie begrüßten Jim herzlich und sagten: »Du bist also einer, der Wort hält!«

Es gab viel Gelächter und freudiges Schulterklopfen, und wir fuhren gemeinsam weiter bis zu der Stelle, wo der Puyo in den mächtigen Pastaza mündet. Oben auf dem Hochufer stand Atanasios Familie — zwei Frauen und ein ganzes Bataillon von Kindern, die durch die Bäume scheu herunterspähten. Als die Kanus knirschend auf den Sandstrand fuhren, kamen alle den steilen Uferpfad heruntergelaufen und halfen uns beim Ausladen des Gepäcks — ein winziger Eisenherd, ein Metallkoffer, Klappbett, Zelt und verschiedene Körbe. Und schon hatten sie alles die Böschung hinaufgetragen und in einer kleinen, mit Palmblättern gedeckten Hütte deponiert, in der wir übernachten sollten. Unverzüglich wurden wir mit allem versorgt, was man sich nur wünschen konnte — Brennholz, Wasser, Eier, Papayas, geräucherte Fische, Pisangfrüchte. Der Empfang, den sie uns bereiteten, kam von Herzen.

Die Palmblatthütte, die an dem ersten Abend wie ein sicherer Hafen für uns beide aussah, war, wie sich dann herausstellte, das gleiche für die Küchenschaben. Zudem konnten weder Jim noch ich aufrecht darin stehen. Zwei Tage später hatte Jim das Zelt aufgestellt, ein 30-qm-Zelt, das ihm jemand kurz vor der Abfahrt in Kalifornien geschenkt hatte. Als wir es aufschlugen, ahnten wir noch nicht, daß es fünf Monate lang unsere Heimstätte sein würde.

Gerade als Jim neben dem Zelt ein paar Pfosten für eine kleine Kochhütte eingeschlagen hatte und im Zelt einen Fußboden aus Bambus legen wollte, überfiel ihn ein Fieber, das ihn außer Gefecht setzte und dessen wir mit unseren üblichen Malariamitteln nicht Herr werden konnten. Der Kurzwellenapparat, den wir mitgebracht hatten, war uns anfangs wie ein etwas übertriebener Luxus vorgekommen; jetzt, als ich Verbindung mit einem Arzt aufzunehmen versuchte, um ihm die Symptome von Jims Krankheit zu beschreiben, wurde er zu einem wichtigen Gebrauchsgegenstand. Der Strom für den Apparat wurde mit einer Handkurbel erzeugt, aber Jim war zu schwach dafür, deshalb mußte ich mir einen bereitwilligen Indianer suchen, der die Kurbel drehte, während ich den Sender bediente. Der Empfang war sehr schlecht, und so verliefen die Versuche, Verbindung zu bekommen, ziemlich erfolglos.

Drei Wochen lag Jim im Bett und konnte kaum den Kopf heben; währenddessen drang der Regen unter den Zeltwänden ins Innere, wo er den Boden in einen Sumpf verwandelte.

Über die Zeit von unserer Hochzeit bis zu seinem Tod sind nur wenige Berichte von Jim vorhanden, und auch diese sind skizzenhaft. Dies hatte mehrere Gründe — vor allem den, daß er mir jetzt keine Briefe mehr zu schreiben brauchte. Außerdem konnte er Gedanken, die er in Ermangelung eines Partners vorher seinem Tagebuch anvertraut hatte, jetzt mir anvertrauen. Weitere Gründe sind aus einem Brief ersichtlich, den er an seinen Bruder Bob schrieb:

»Herzlichen Dank, Bob, für Deine Aufzeichnungen über den Menschensohn zur Rechten Gottes. Ich glaube, meine Briefe von hier haben über solche Themen herzlich wenig enthalten, und das ist ein Zeichen dafür, daß meine Seele meistens mit anderen Dingen angefüllt ist. Manche finden, das Leben im Urwald sei ein ruhiges Leben, und wenn Du einen Ekuadorer fragst, warum es ihm hier im ostwärtigen Urwald gefalle, sagt er Dir: weil das Leben hier so leicht und ruhig sei. Für mich ist es das nicht. Da ich hier vieles tun muß, worin ich keinerlei Erfahrung habe, und da alle Augenblicke, tags wie nachts, irgend etwas Neues auftaucht, ist mein Bibelstudienprogramm sehr stark beschnitten worden; bei manchen Stellen muß ich lange überlegen, wo sie stehen — Stellen, die ich früher ohne weiteres präsent hatte. Es ist betrüblich. Ich kann mir auch nicht vorstellen, wie ich je wieder auf englisch predigen werde. Seit über einem Jahr benutze ich ständig die spanische Bibel, und bei der Verkündigung bin ich meistens von dem wenigen ausgegangen, was es bisher auf ketschuanisch gibt. Es kostet Mühe, sich freizumachen und Zeit herauszuschlagen allein schon zum Lesen, ganz zu schweigen von Meditieren oder konzentriertem Arbeiten. Das Vorhandensein von geistlichem Leben merkt man manchmal nur dadurch, daß man darum kämpft, es aufrechtzuerhalten, nicht etwa weil man es bewußt und planvoll lebt. Bete doch für meine Seele. Gelder brauchen wir hier nicht, wirklich nicht, auch keine zusätzlichen Mitarbeiter. Wir brauchen Kraft des Geistes und seelische Stärke. Der Widersacher führt seine Waffen sehr geschickt, und so wie unsere sind auch die seinen geistliche Waffen, zur Verteidigung eben jener Bollwerke, die wir ausgerüstet werden, daß wir sie zerstören.«

Das Tagebuch hatte Jim lange Zeit ganz vernachlässigt. Erst am 1. Dezember findet sich wieder ein Eintrag:

»Das Eheleben ist ein sehr erfülltes – erfüllt wie das Leben überhaupt, das mir zuteil geworden ist, aber noch reicher wegen seiner Vielfältigkeit. In allem haben wir Eintracht und Harmonie erfahren. Die eheliche ›Anpassung‹ – wenn es so etwas überhaupt gibt – vollzieht sich bei mir ohne jede Anstrengung, sogar ohne daß sie mir bewußt würde. Solcher Art ist die Liebe, die wir erleben.«

Jims nächste Tagebuchnotiz trägt das Datum des 20. Januar 1954:

»Wir verlebten in großer Freude zwei Ferienwochen in Shandia. Die erste Junge-Männer-Tagung verlief ohne genügend Beten und Bibelarbeit, war aber trotzdem von Gott gesegnet. Am Sonntag taufte ich Eugenia Cerda und Carmela Shiwangu im Talac mit großer Freudigkeit und Gottvertrauen. Hier in Puyupungu habe ich mit den Vorarbeiten für die Landebahn und den Hausbau begonnen; der viele Regen hat mich etwas entmutigt, und wegen der Schwierigkeit mit Arbeitskräften geht alles sehr langsam. Aber Gott steht uns bei, und man sieht den Fortschritt. Mit Lucas als Schullehrer bin ich nicht ganz glücklich, aber es ermutigt mich, daß manche das Wort Gottes mit großer Aufmerksamkeit aufnehmen. Gestern abend bei der kleinen Zusammenkunft, wie wir sie dienstags immer abhalten, sagte Atanasio: ›Ich will in deinen Worten sterben.‹ Wieviel er versteht, weiß ich nicht, aber ohne Zweifel nimmt er vieles auf. Ich bete, daß Gott etwas wirkt bei den Schulkindern, ihre Zahl beträgt jetzt zehn.«

1. April. »Pause an einem regnerischen Nachmittag. Dankbar, daß wir jetzt in unserer neuen Behausung wohnen, seit acht Tagen. Es war eine lange Zeit, die fünf Monate im Zelt, schwierig, aber doch erträglich. Gott war getreu, auch wenn der Satan uns sehr zusetzte und durch die langen Regenwochen manchmal zum Verzagen brachte. Es kamen Männer aus Pano zum Helfen, ohne sie hätten wir den Landestreifen jetzt nicht fertig. Das Flugzeug landete gestern auf einem dreihundert Meter langen Stück, aber zum Aufsteigen ist es noch zu naß.«

Mit großer Erwartung sahen Jim und ich der Ankunft seines Vaters entgegen, der beim Wiederaufbau Shandias mithelfen wollte, und wir hofften und beteten darum, daß wir mit dem Landestreifen fertig würden, bevor wir aufbrechen mußten, um Jims Vater zu empfangen. Am 30. Mai notierte Jim in sein Tagebuch:

»Vater und Pete sind jetzt beide hier bei uns in Shandia, und daß sie da sind, ist sicherlich zum großen Teil die Frucht vieler Gebete. Betty und ich konnten am 21. April mit dem Flugzeug herkommen, und sechs Tage danach traf ich Vater in Puna. Eine ganze Woche hatte er gebraucht, um all die mitgebrachten Baugeräte durch den Zoll zu bringen. Wir blieben acht Tage in Quito, nahmen an der Missionarstagung teil, ließen meine Zähne richten und besuchten Freunde. Hier in Shandia habe ich den Bauplatz für das neue Haus ausgesucht. O Herr, möge es der richtige sein!«

Sowohl Jim als auch die anderen Männer waren der Meinung, wenigstens eine unserer Stationen solle ein festes Haus besitzen, während Orte wie Puyupungu als Außenstationen gelten könnten. Und so benutzten sie die günstige Gelegenheit, daß Jims Vater helfen konnte, und begannen mit dem Bau.

»Das Bretterhobeln ging gut voran, nur hatte Vater Schwierigkeiten mit dem Richten der großen Säge, aber das Vorbereiten des Bauholzes dürfte in einigen Wochen erledigt sein, denke ich, vorausgesetzt natürlich, daß keine unvorhergesehenen Rückschläge kommen.

Von Pete haben wir uns vorige Woche verabschiedet, weil er in die Staaten flog, um zu heiraten. An unserem letzten Sonntag in Shandia habe ich sechs weitere Indianer getauft, und zum erstenmal haben wir eine Abendmahlsfeier in ketschuanischer Sprache gehalten . . .«

DAS MUSTERBILD WIRD WIRKLICHKEIT

Nach dem Muster, das der Herr dem Mose gezeigt hatte, also machte er den Leuchter.

Ende Juni veranstalteten wir in Puyupungu eine kleine Abschlußfeier für unsere Schulkinder und ihre Eltern; dann, nachdem wir ihnen versprochen hatten, sie so oft wie möglich zu besuchen, schlossen wir das Haus zu und begaben uns nach Shandia, damit Jim sich dort ganz den Bauarbeiten widmen konnte, solange sein Vater noch in Ekuador war. Jim und ich zogen in das winzige Bambushaus, das Pete sich dort gebaut hatte, und zum Essen gingen wir zu Ed und Marilou.

Am 8. Oktober schrieb Jim an seine Mutter, die damals bei seinen Brüdern in Peru war:

»Heute ist unser Hochzeitstag. Dieses Jahr war das glücklichste und tätigste meines ganzes Lebens. Nächste Woche, hoffe ich, werden wir in unser drittes Haus seit unserer Heirat ziehen – erst das Zelt, dann das Palmblattdach in Puyupungu und nun richtige Bretter, Zement und Aluminium. Was kommt danach?

Ed ist übers Wochenende in Arajuno. Er hat dort eine Hütte gebaut, in der er mit seiner Familie einige Wochen gewohnt hat. Es wird dort jetzt ähnlich sein wie in Puyupungu, eine Außenstation, und nächstens können wir »Rundreisen« machen und unterrichten und predigen, mit Shandia als Basis. Donnerstag haben wir den Schulunterricht angefangen mit elf Schülern und erwarten für Montag weitere. Es kommen jetzt auch einige ältere, deshalb wollen wir uns um die Schule besonders kümmern und nicht den ganzen Unterricht dem armen jungen Religionslehrer überlassen, den wir dieses Jahr aus den Staaten hergebeten haben.«

Weihnachten 1954 waren wir in Shandia allein, weil McCullys nach Quito geflogen waren zur Geburt ihres ersten Sohnes Mike. Wir hatten Ende Oktober in das neue Haus einziehen können und hatten viel Freude mit dem Herrichten und Ausstatten des Innern.

Eine Tagebuchnotiz vom 16. Januar 1955 bekundet eine schwermütige und bedrückte Stimmung:

»Ziemlich niedergeschlagen an diesem Sonntagmorgen. Soeben zurückgekommen von einem Gottesdienst mit fünfundzwanzig Indianern, größtenteils Schuljungen und junge Frauen. Ich hatte das Gefühl, daß ich ohne Kraft, ohne Inbrunst predigte und das Resultat war entsprechend. Unruhe, Unterbrechungen, Spiele. Vielleicht predigte ich zu schwer, vielleicht bin ich zu abgekämpft durch die vorige Woche und das Einrichten des Hauses – es ging in einem durch bis zum Abendessen am Samstag. Das Haus und das ganze Einrichten muß jetzt an die zweite Stelle rücken. Meine erste Sorge muß sein, daß die Indianer zu den Versammlungen kommen und daß ich zu den einzelnen hingehe und persönliches Zeugnis ablege. Elias Cerda zum Beispiel möchte getauft werden, aber zu den Gottesdiensten heute ist er nicht gekommen. Auch mit Gervacio, Venancio und Abelardo muß ich sprechen und zwar noch vor dem Jungmännertreffen am 4. Februar.«

Im Februar, als das Jungmännertreffen stattfand, konnten Pete und Ed mit ihren Frauen nach Shandia kommen und helfen. Siebzig bis hundert Indianer nahmen an den Zusammenkünften teil. Am letzten Sonntag ließen sich vier junge Männer taufen und erzählten den Zuschauern, wie Christus in ihr Leben eingegriffen hatte. Einer war ein notorischer Trinker gewesen, sein Leben war jetzt völlig umgewandelt. Für Jim bedeutete dies eine große Ermutigung, denn den jungen Männern galt seine Hauptsorge: Sie waren es, die allmählich in der kleinen Gemeinde die geistliche Verantwortung übernehmen mußten. Er lehrte sie mit viel Sorgfalt und Geduld; immer darauf bedacht, ihnen beizubringen, selber zu lehren. Jeden Montag hielt er eine besondere Bibelstunde ab, die nur der Anleitung von Gläubigen diente und die über die evangelistische Verkündigung in den Sonntagsgottesdiensten weit hinausging. Außerdem versammelte Jim jetzt eine kleine Kerngruppe von Gläubigen zu schlichten Abendmahlsfeiern, bei denen Christus angebetet und im Lobpreis erhoben wurde. Ohne Predigt oder Belehrung — es wurden Anbetungslieder gesungen, es wurde gebetet, und die neu im Glauben Stehenden begriffen so allmählich, was Anbeten heißt und welchen Sinn es hat —, schlicht und aufrichtig brachten sie dem Herrn die Liebe ihrer Herzen dar. Andere fingen an, diese Zusammenkünfte von draußen zu beobachten — manche um zu spotten oder aus bloßer Neugier, manche mit dem Wunsch zu verstehen. Zu sehen gab es freilich wenig. Der Raum, in dem wir zusammenkamen, war das Schulzimmer — Wände und Boden aus Bambus, Strohdach, Bänke ohne Lehne. Ein kleiner Tisch stand in der Mitte des Kreises, darauf ein Brotlaib und ein Kelch mit Wein. Die Indianer versammelten sich still und ruhig, im Gegensatz zu sonst (die Hunde und die Babys blieben draußen), und saßen barfüßig und ehrfürchtig um die Symbole, die ihnen vom Tod ihres Herrn Jesus Christus sprachen, den sie erst vor so kurzem kennen- und liebengelernt hatten. Einer nach dem anderen trugen sie ihr Teil bei, schlugen ein Lied vor, beteten, und gemeinsam erhoben sie die Herzen zu Christus. An seinen Tod erinnert, gedachten sie auch seiner Wiederkunft, und oft sangen sie zum Abschluß:

»Kirikgunaga, kushiyanguichi — Cristo shamunmi!« »Freut euch, ihr Gläubigen — Christus wird kommen!«

Allmählich, fand Jim, mußte das Amt des Predigens auf die jungen Indianer übergehen, und zu diesem Zweck befaßte er sich viel mit ihnen einzeln, indem er eine Stelle vornahm und durchsprach und ihnen eine Art des Schriftstudiums zu zeigen suchte, nach der sie selbständig vorgehen konnten, auch wenn sie allein waren. Mehrere der jungen Männer zeigten eine ausgesprochene Begabung und konnten schon nach kurzer Zeit den ganzen Sonntagsgottesdienst übernehmen — vom Führen beim Gesang bis zum Predigen. Für die meisten Indianer war es etwas gänzlich Neues, einen der ihrigen vorne stehen zu sehen, und es bedurfte vielen Zuredens und geduldigen Erklärens, bis sie es zu schätzen und zu würdigen lernten. In ihren Augen war das Predigen etwas für »Gringos«, nur für gelehrte Leute. Ein Indianer, der predigte? Verrücktheit! Aber sie kamen dennoch.

Nach einiger Zeit konnte Jim ihnen klarmachen, daß Jesus auch die, die er aussandte zu predigen, sich nicht aus den Absolventen von Predigerseminaren ausgewählt hatte. In vielen Fällen waren es einfache Handwerker gewesen, den gleichen Ständen und Gesellschaftsschichten angehörend wie auch ihre Zuhörer. Eine Scheidung in Geistliche und Laien hatte es nicht gegeben. Jim beschloß, daß es sie auch in Shandia nicht geben sollte. Die Bibel war für alle da, und jeder, der wollte, konnte lernen, sie zu lesen. Jim wollte alles tun, um ihnen die Schrift in ihrer eigenen Sprache in die Hand zu legen; und sie sollten nicht nur lernen, sie zu lesen, sondern auch, sie »richtig darzubieten«. Wenn die Indianer nur kamen, um einen Fremden zu hören, konnten sie auch wegbleiben. Sie mußten einsehen, daß das geschriebene Wort die Stimme Gottes ist — auch wenn es ein Indianer predigte —, sonst waren alle missionarischen Bemühungen vergeblich.

Wenn ich sah, mit welcher Geduld und mit welchem Geschick er sie zu behandeln wußte, mußte ich immer wieder staunen.

Im Februar gingen Jim und ich nach Shell Mera; dort half er beim Bau eines Krankenhauses, das vom Missionssender in Quito ins Leben gerufen worden war und den Bedürfnissen aller Urwaldstationen dienen sollte. Zwei Tage nach unserer Ankunft wurde unsere Tochter geboren. Kaum war sie da, als

Jim nüchtern feststellte: »Sie heißt Valerie« — ein Beschluß, der wohl einer plötzlichen Eingebung entsprang, denn obwohl wir verschiedene Namen in die engere Wahl gezogen hatten, darunter auch Valerie, hatten wir uns auf keinen geeinigt.

Geboren wurde sie im Haus des Piloten, der während unseres gemeinsamen Urwaldlebens so viel für uns getan hatte. Bei ihm und seiner Frau — Nate und Marj Saint — blieben wir acht Tage; es gab viel zu besprechen, und oft saßen wir bis in die frühen Morgenstunden und unterhielten uns mit ihnen, in ihrer kleinen Küche bei vielen Tassen Kakao. Einmal, als Jim Valerie auf den Arm genommen hatte und in ihr Gesicht blickte, schaute Nate ihm mit glänzenden Augen und voller Mitgefühl zu (sein eigener Sohn war gerade zwei Monate alt) und sagte: »Sind sie nicht *phantastisch?*« Jim brauchte nichts zu erwidern. Man sah es: Valerie hatte sein Herz erobert. Für ihn existierten weder klinische Vorschriften noch geregelte Besuchsstunden. Schon wenige Minuten nach der Geburt nahm er Valerie auf den Arm, und auch später tat er es, wann immer er Lust hatte, mochte es gerade ihre Schlafenszeit oder sonst etwas sein. Er gehörte jedoch nicht zu denen, die ihre Kinder auch trockenlegen. Jim war ein überzeugter Verfechter der Arbeitsteilung. Es gab Männerarbeit und es gab Frauenarbeit, und wenn sie sich auch berührten, so griffen sie doch nicht ineinander über. Das war eine Regel, die ich zu Beginn unserer gemeinsamen Tage in Puyupungu erst hatte lernen müssen; denn während der Monate meines Urwaldlebens hatte ich selber Holz gehackt, Fliegendraht angenagelt und mit dem Buschmesser gearbeitet, während Jim in seiner Junggesellenzeit dafür hatte sorgen müssen, daß die Wäsche hereingeholt wurde, wenn es anfing zu regnen, und daß in der Küche wenigstens ein Mindestmaß an Sauberkeit gewahrt blieb. Jim gab mir klar zu verstehen, daß diese Zeiten nun vorüber seien. Natürlich war er immer bereit, mir bei meinen eigenen Arbeiten zu helfen, wenn es nötig wurde, doch ich sorgte nach Möglichkeit dafür, daß dieser Fall nie eintrat.

Jims Eltern, die vorher seinen Bruder in Peru besucht hatten, waren kurz vor Valeries Geburt zu uns gekommen. Darum ist der nächste Brief an die Eltern vom 25. März:

»Es ist tiefschwarze Nacht hier in Shandia, mit viel Froschgequak, aber wir haben die Lampen mit neuen Dochten versehen und die Zylinder blank geputzt, und ich will Euch rasch ein paar Zeilen senden, die vielleicht noch vor Euch zu Hause ankommen werden. Den heutigen Tag habe ich damit verbracht, ein Bett für Valerie und den neuen Schrank zu streichen.

Eben hörten wir von einem Angriff der Aucas in der Nähe von Arajuno, und obwohl das Haus dort sozusagen einzugsfertig ist, macht Ed sich jetzt Gedanken, ob er mit der Familie dort hinziehen soll. Die Aucas haben zwei Kinder und deren Mütter umgebracht, und zuletzt wurden sie gesehen, wie sie in einem gestohlenen Kanu den Arajunofluß hinauffuhren. Betet doch für Ed, denn er möchte die Ketschuas dort erreichen . . .«

Aus dem Tagebuch:

16. Mai 1955. »Dies war ein arbeitsreicher Vormittag, einer von denen, die nicht sehr viel Befriedigung in einem hinterlassen, nachdem das Ganze geschafft ist. Die Bibellese heute morgen war aus 2. Thessalonicher 3: ›So jemand nicht will arbeiten, der soll auch nicht essen.‹ Gestern hatte ich drei Mädchen gesagt, sie sollten zum Arbeiten kommen. Es kamen *sechs*, um die beiden winzigen Maniokfelder sauberzumachen. Dann ging ich los, um Urpi und Sohn zum Einsäen von Weideland anzustellen. Sie schafften heute vormittag einen Streifen von dreißig Meter Länge, drei Meter breit. Die anderen Männer warteten auf Werkzeuge und daß sie losgeschickt würden, Dachblätter zu holen. Ich schickte sie. Über zwanzig Frauen brachten Pisangfrüchte und Chicha, die sie mir verkaufen wollten für die Verpflegung der Schüler; sie waren beleidigt, daß ich nur einen Vorrat für zwei Wochen kaufte, weil ich für eine Woche schon genügend da hatte; von jeder kaufte ich ein Päckchen Chicha. Dann ging mein Kleingeld zu Ende. Dann mußten die Handwerker, die am Lehrerhaus arbeiten, Bretter gehobelt bekommen, 2x4-Zöller. Also hobelte ich 2x4-Zöller. Danach kamen die Mädchen zurück, die die Maniokfelder gesäubert hatten; sie wollten, daß ich *ihre* Pisangfrüchte kaufte. Domingo wollte Farbe zum Markieren von Brettern. Ein kleiner Junge kam und kaufte für fünf Pfennig Schnecken für Señora Rosa. Die Handwerker hatten eins der Bretter zu kurz geschnitten und brauchten Hilfe. Venanzios Bein mußte massiert werden; bei der Gelegenheit wollte er mir Bohnen verkaufen, obwohl ich gestern *ihm* welche gab, weil er behauptet hatte, er hätte nichts zu essen. Den Männern mußte ich sagen, sie sollten mit dem Dachflechten anfangen und nicht untätig herumstehen. Yuyu wollte Geld für fünfzehn Kilo Erdnüsse, und seine Mutter wollte einen Sack, den Ed ihr nicht zurückgegeben hatte. Protaco wollte seinen Arbeitslohn und das Gewehr, das Pete zum Verkaufen aus Quito geschickt hatte. Pete war morgens am Sprechfunk gewesen, und ich mußte einen eiligen Brief an Dr. Tidmarsh schreiben. Heute nachmittag Bibelstunde für die Gläubigen. Mein Patient mit dem Schlangenbiß in Limon Chikta ist ziemlich übel dran. Ich war Freitag da und gestern und muß morgen wieder hin, jedesmal ein Weg von über einer Stunde. Betty und das Kind sind beide erkältet. Ich selber habe eben ein gutes Lunch gegessen.«

10. Juni. »Bin für ein paar Tage wieder in Puyupungu, um an der kleinen Schule die Abschlußprüfungen zu halten und die Indianer zu besuchen, damit sie wissen, daß wir uns noch für sie interessieren. Letzten Samstag starb Elena, Atanasios Frau, an Pocken, und seit meiner Ankunft habe ich mit Atanasio schon verschiedene längere und gute Gespräche gehabt. Die Pocken grassieren hier in der ganzen Gegend, deshalb wollte Betty nicht mit Valerie hierher kommen, sie ist noch nicht geimpft. Ob ich selber geimpft bin, kann ich mich nicht erinnern, aber in zehn Tagen werde ich es sicher wissen!

In Shandia habe ich bei den Palmen vor unserer Haustür Dahlien angepflanzt, sie blühen dort sehr schön. Außerdem haben wir einen breiten Weg zum Wasser angelegt, so daß wir einen schönen, freien Blick auf den Fluß haben. Außerdem pflanze ich jetzt Kaffee und Palmen und lege Weiden für künftige Viehherden an, damit der Urwald uns nicht so auf den Leib rücken kann. Die Umgebung unseres Hauses wird so immer hübscher.

Valerie fängt schon an zu lachen und ist so zierlich und so reizend, wie ein Baby nur sein kann. Wir sind sehr tätig und sehr glücklich – wir wünschen uns nur, daß wir die Macht Christi in noch reicherem Maße erfahren.«

Im Juli besuchte uns Jims Bruder Bert mit Colleen, seiner Frau, die von Peru herüber kamen. Auch dies war wohl die Erhörung eines von Jims Gebeten – vielleicht eines ungesprochenen; aber Gott sieht, »was das Herz wünscht«, und er gibt es uns, noch ehe wir darum bitten.

Die Arbeit bei den Ketschuas trug Frucht, und am 17. Juli schrieb er an die Eltern:

»Dienstag kamen einige der Indianer, die getauft werden wollten, und schlugen vor, wir sollten nach den Schulprüfungen eine Taufe halten. Wie sie darauf gekommen waren, werde ich wohl nie erfahren, aber sie sagten immer wieder, sie hätten jetzt lange genug gewartet, und es ist hartherzig, solche Menschen abzuweisen! Obwohl ich allein war, rief ich denn die Gläubigen zusammen, und in einer vierstündigen Sitzung am Samstagnachmittag prüften wir die achtzehn Taufanwärter. Meiner Meinung nach sind die älteren Gläubigen wirklich interessiert und auch befähigt, Echtes von Falschem zu unterscheiden. Sie beschlossen, vier von den jungen Frauen zurückzustellen. Zu einem großen Sieg kam es bei Kupal Angu, einem jungen Burschen, der vor mehr als einem Jahr nach einem Streit seine Frau verlassen hat, aber jetzt getauft werden wollte. Es wurde ihm unzweideutig klargemacht, daß er sich zuerst mit ihr versöhnen müsse; das lehnte er zuerst energisch ab, aber schließlich sagte er, er werde sie wieder annehmen. Sie selber wollte auch getauft werden, daher ließen wir sie holen, und die Sache wurde gleich bereinigt.

So tauften wir denn heute morgen im Talac, am sogenannten ›Teufelsloch‹, vierzehn Menschen; Venanzio, der Hilfslehrer, und ich wechselten uns immer ab. Alle Täuflinge legten ein klares Bekenntnis ab, und wir können nur hoffen, daß die Ungläubigen, die zusahen, es sich zu Herzen nehmen und bald auf dem Weg des Gehorsams folgen werden. Bete für Vicente, Vater; er ist wieder gesund und arbeitet, und wir bitten Gott, daß er zu ihm reden möchte.

Die Zahl derer, die hier am Abendmahl teilnehmen, ist nun auf fünfundzwanzig angewachsen — bei uns zu Hause würden wir ein solches Wachstum in einer Gemeinde als phänomenal betrachten, aber mir scheint es eigentlich normal; es kommt eben darauf an, daß die Gläubigen dem biblischen Prinzip nachstreben und die Leitenden sich um die richtige Lehre bemühen. Vergeßt übrigens bitte nicht — mehr als die Hälfte dieser Täuflinge sind Analphabeten; genährt werden und wachsen können sie nur durch das, was sie hören und sich merken können, deshalb betet doch für sie, ja?«

AUFTRAG AUSGEFÜHRT

Wahrlich, wahrlich, ich sage euch: Es sei denn, daß das Weizenkorn in die Erde falle und ersterbe, so bleibt's allein; wo es aber erstirbt, da bringt es viele Früchte. Wer sein Leben liebhat, der wird's verlieren; und wer sein Leben auf dieser Welt haßt, der wird's erhalten zum ewigen Leben.

Eines Tages im September 1955 überbrachten uns McCullys eine Nachricht, wie wir sie uns aufregender nicht hätten denken können — Ed und Nate, der Missionspilot, hatten endlich einige Aucahäuser entdeckt, nur wenige Flugminuten von Arajuno. Von diesem Augenblick an hatte Jim, wie die Indianer sagen, »den einen Fuß im Steigbügel«. Seine Gebete, seine Selbsthingabe, seine langjährigen Hoffnungen, bei den Aucas wirken zu können, waren nicht vergeblich gewesen. Vielleicht wollte Gott ihm und Ed einen Anteil an diesem Werk geben.

Ed und Nate hatten angefangen, in regelmäßigen Abständen bei den Häusern Geschenke abzuwerfen; auf diese Weise hofften sie, mit den Wilden in ein freundliches Verhältnis zu kommen und später mit ihnen in direkte Berührung treten zu können. Daß alle bisherigen Versuche anderer, mit diesen Indianern Kontakt aufzunehmen, fehlgeschlagen waren, wußten sie sehr wohl. Doch sie kannten auch den, der gesagt hat: »Mir ist gegeben alle Macht im Himmel und auf Erden . . . Darum gehet hin.«

Das Werk in Shandia war immer mehr gefestigt worden; es gab jetzt eine Kerngruppe von Gläubigen, von denen einige die Bibel selbständig lesen und verstehen konnten; sie hatten Teile der Schrift auf Ketschuanisch; die Jungen und Mädchen waren durch Fortbildungskurse gefördert worden; die wichtigsten materiellen Bedürfnisse hatten erfüllt werden können — ein festes Haus, der Zementgrund für eine neue Schule, eine ausreichende Landebahn. Die Grundlagen, auf denen eine Eingeborenengemeinde sich in Zukunft entfalten konnte, waren gelegt. Mit neuer Kraft betete Jim jetzt um das, was seit Jahren sein Herz erfüllte — daß die, welche die Botschaft noch nie gehört, daher auch gar nicht die Möglichkeit gehabt hatten, sie abzulehnen, jetzt hören möchten. Von den Ketschuas hatten viele die Botschaft gehört; viele hatten sie abgelehnt, aber deren Blut war nun auf ihren eigenen Häuptern. Das Blut der Aucas dagegen sah Jim auf seinem Haupt.

Noch planmäßiger als vorher verwandte er seine Kräfte darauf, die jungen Männer dahin zu bringen, daß sie die Leitung der Gemeinde selbst übernahmen. Am 23. Oktober schrieb er den Eltern:

»Viel Freude heute morgen im Bibelunterricht – ich sprach über das Gleichnis Jesu, daß man alte Kleider nicht mit neuem Tuch flickt und jungen Wein nicht in alte Schläuche faßt. In Kulturen, wo das tägliche Getränk berauschend ist, wie das Chicha hier oder der Wein in Italien, versteht man erst richtig manche Aussagen Jesu, zum Beispiel, daß ein Mensch, der an starkes Getränk gewöhnt ist, nicht von heute auf morgen das Verlangen nach frischem Wasser hat. Immer wieder muß ich staunen, wie die erhabenen Lehren Jesu – da er sie primitiven Verhältnissen anpaßte – oft viel leichter und bereitwilliger von einem Urwaldindianer aufgenommen werden als von einem Gebildeten, der das Produkt der modernen Zivilisation ist.

Zur Zeit versuche ich, zwei unserer früheren Schüler zu bereden, daß sie dienstags und freitags den Bibelunterricht übernehmen. Venanzio hat die Stunde am Mittwoch und Hector (der Schullehrer) die am Montag, so daß ich selbst nur die am Donnerstag habe – natürlich sitze ich an den anderen Tagen auch dabei. Eine Schule ist nur dann etwas wert, wenn die Wahrheit Gottes jeden Tag gelehrt wird. Und zwar profitiert der Lehrende – wie wir an Venanzio gesehen haben – doppelt soviel wie die Schüler, deshalb möchten wir diesen Segen noch auf andere ausdehnen, indem wir ihnen die Möglichkeit zum Unterrichten geben. Mit den Zusammenkünften nachmittags an der Talacmündung haben wir am Freitag wieder angefangen, und vorgestern hatten wir in einem Indianerhaus zwanzig Zuhörer.

Neulich ist es am Arajuno wieder zu Angriffen von Aucas gekommen. Ed ist auf der Hut und hat einen Elektrozaun aufgestellt. Nächsten Dienstag wollen wir nach Ila, um von einer geflüchteten Aucafrau ein paar Sätze in der Aucasprache zu lernen. Außerdem will ich dort ein Ferkel kaufen, das die Schuljungen aufziehen sollen.«

Da das Unternehmen mit den Aucas geheimgehalten werden sollte, abgesehen von den unmittelbar Beteiligten, hatte

Jim seinen Eltern in dem obigen Brief nichts davon geschrieben. Sein Tagebuch berichtet im Anschluß an den Besuch in Villano auch das, was darauf folgte:

»Wir flogen zusammen nach Arajuno zurück, besprachen einige taktische Einzelheiten und stiegen wieder auf, ausgerüstet mit einem Batterie-Lautsprecher und den Aucasätzen, die ich von Dayuma, dem geflohenen Aucamädchen in Ila, gelernt hatte. Während wir in etwa sechshundert Metern Höhe über den Häusern kreisten, wiederholte ich mehrmals die Sätze: ›Tauscht uns einen Speer gegen eine Machete. Wir sind eure Freunde.‹ Wir sahen, wie vielleicht acht Indianer um das Haus herumrannten, einer watete durch den Fluß und schien eine neue Machete in der Hand zu haben. Soviel ich sehen konnte, kam er nicht zurück, obwohl er anscheinend nur zu dem kleinen Maniokfeld gegangen war. Ein anderer lief ins Haus und kam mit einem Speer zurück. Ich nahm dies als Zeichen, daß der eine als Gegengabe Maniok holen wollte und der andere den erbetenen Speer gebracht hatte. Aber als wir dann die Leine mit der Machete hinabließen, rissen sie sowohl die Machete ab als auch den kleinen Korb, den wir drangebunden hatten, um eventuelle Gegengaben in Empfang zu nehmen. Einer der Männer ging um das Haus herum und schwenkte das Stück Leinen, in das wir die Machete eingewickelt hatten. Wir zogen unsere Leine ein (ein schwieriges Unternehmen!) und ließen sie nach mehreren mißlungenen Versuchen wieder hinunter, weil wir dachten, sie würden vielleicht etwas daranbinden. Statt dessen schnitten sie ein Stück davon ab. Darauf zogen wir die ganze Länge ein und setzten den Lautsprecher wieder in Betrieb und nahmen diesmal zwei andere Sätze: ›Wir haben euch gern; wir wollen euch einen Topf geben.‹ Hierauf lief die eine Gruppe unter die Bäume hinterm Haus, während ein einzelner zum Flußufer ging. Er hielt die hohlen Hände vor den Mund und schien etwas zu rufen. Dann schwang er die neue Machete über dem Kopf. Wir warfen einen kleinen Aluminiumtopf mit Bändern ab, in dem ein gelbes Hemd und Glasperlen lagen. Der Mann am Ufer deutete auf die Stelle, wo der Topf hingefallen war, die anderen liefen hin, hoben ihn auf, und einer nahm das gelbe Hemd und schwenkte es durch die Luft. Beim Anfliegen des Hauses hatten wir noch bemerkt, daß zwei Kanus, die etwas weiter unterhalb flußab fuhren, umkehrten und eilig zurückpaddelten.

Wir flogen über den Curaray zurück und hielten dabei Ausschau nach einem als Landeplatz geeigneten Uferstreifen. Die Aussichten sind nicht gut. Herr, führe uns.«

Jim trug die Aucasätze, auf Kärtchen geschrieben, in der Tasche, um sie immer wieder vorzuziehen und sich einzuprägen. Nachts nahm er sie mit ans Bett, um sie vor dem Einschlafen noch einmal zu überfliegen. Wenn er mit Nate von einem Aucaflug zurückkam, war er so erregt, daß er kaum etwas essen konnte — ich glaube, ich hätte ihm Heu vorsetzen können, er hätte nicht darauf geachtet. Ich wußte, daß er an einem entscheidenden Punkt angelangt war. Was er Gott schon vor Jahren gelobt hatte, daß er bereit sei, den Weg bis zu Ende zu gehen — diese Gelöbnisse wurden nun auf die Probe gestellt. Mir kamen leise, aber beunruhigende Zweifel. War es wirklich Gottes Plan, daß Jim zu den Aucas gehen sollte? Stürmte er nicht eigenwillig vor? Konnte Gott tatsächlich wollen, daß er die Arbeit in Shandia schon so bald verließ?

Ein Ziel vor sich sehen ist etwas anderes als es verwirklichen. Es standen jetzt die greifbaren Tatsachen vor uns. Die Männer hatten die Aucas leibhaftig gesehen. Von ihnen gewußt hatten sie schon vorher, auch daß sie offenbar aus Sport andere töteten, daß sie die Weißen und alles, was mit ihnen zusammenhing, verachteten. Aber nun hatten sie sie selbst gesehen, hatten ihnen zugerufen, hatten beobachtet, wie sie ihnen lachend zuwinkten, hatten Kämme, Federkopfschmuck und Armbänder bekommen, die die Aucas selbst verfertigt hatten. Und dieses Volk, diese nackten Wilden, hatten von der Botschaft, die die Männer in den Händen hielten, noch nie ein Wort vernommen.

Doch es gab noch andere, noch naheliegendere Fakten zu bedenken. Da war das Schulhaus, dessen Bau erst gerade angefangen war, da waren eine Reihe junger Ketschuas, die mit Gottes Wort genährt werden mußten, ein Haus und Garten, die erst jetzt ihre richtige Form bekamen — ganz zu schweigen von einer Frau und einem neunmonatigen Baby, die beide auf Jim angewiesen waren.

Welcher Weg war der richtige? Wie immer ließ sich Jim bei seinem Handeln mehr von Grundsätzen als von inneren Impulsen leiten. Wäre er dem Impuls gefolgt — ich weiß nicht, welchen Weg er dann gewählt hätte. Gewiß war der Trieb, sogleich zu den Aucas zu gehen, in ihm sehr stark; genauso stark war seine Liebe zu Shandia, zu den Ketschuas, zu seiner Familie. Aber leiten ließ er sich von dem, was er in vielen Jahren gelernt und erkannt hatte über Gottes Wege. Im Jahre 1948, als er im 4. Buch Mose, Kapitel 32, die Geschichte von den Kindern Ruben und den Kindern Gad gelesen hatte, wie sie Mose baten, sich im Lande Jaser und Gilead ansiedeln zu dürfen und nicht mit den anderen über den Jordan gehen zu müssen, hatte er in sein Tagebuch geschrieben:

»Der Grund, warum sie ›diese Jordanseite‹ wollten, war, daß sie sie gesehen hatten und für ihre eigenen Bedürfnisse geeignet fanden. Wie sehr gleichen ihnen viele Menschen heute — die Länder der Außenmission haben sie nicht gesehen, und da sie Talente und Vorbildung haben, die sie in ihrem eigenen Land verwenden können, sagen sie unentwegt: ›Führe mich nicht über den Jordan; dies ist ein Land mit guter Viehweide (und ich habe Vieh!), oder dies ist ein Ort, wo dringend Lehrer gebraucht werden, und ich glaube mich zum Lehrer befähigt.‹ ›Eure Brüder sollen in den Streit ziehen, und ihr wollt hierbleiben?‹ Der gleiche Ungehorsam, zur Zeit der Kundschafter, hatte Israel vierzig Jahre Wüstenwanderung eingebracht, 603 550 Menschen hatten in der Wüste enden müssen. ›Verflucht sei, wer das Werk des Herrn lässig tut und sein Schwert vom Blutvergießen zurückhält.‹ Nur dann bleibt man schuldlos, wenn man Hab und Gut und Kind verläßt und über den Jordan in den Kampf zieht.«

Auch das Verhältnis der Bevölkerungszahlen hätte Jim bei seinen Überlegungen erwägen können. War es richtig, ein Missionsfeld, das vielleicht mehrere tausend Ketschuas umfaßte, zu verlassen, um einen Volksstamm zu erreichen, dessen Zahl höchstwahrscheinlich wenige Hundert nicht überstieg? Auch hier gaben biblische Grundregeln die Antwort. 1951 hatte Jim notiert:

»Der Hinweis auf Volkszahlen ist nicht ganz stichhaltig, denn wenn ich aufgerufen wäre, dorthin zu gehen, wo besonders viele notleidend sind, hätte ich gar nicht Südamerika gewählt, sondern Indien. Wie die Offenbarung andeutet, ist es Gottes Plan, daß eine Schar aus jedem Volk, aus jedem Stamm, aus jeder Sprache einst vor seinem Throne stehen und den Erlöser preisen soll. Dies ist ein besonderer Hinweis, daß das Evangelium zu solchen Stämmen getragen werden muß, die in der großen Schar der Lobsingenden bis jetzt noch nicht vertreten sind. Das ist der Grund, warum mir Volksgruppen, die bisher noch nicht erreicht wurden, so auf dem Herzen liegen.«

Was die Grundsätze besagten, daran bestand kein Zweifel. Und Jim war bereit, sie zur Richtschnur zu nehmen. Nur bei mir bestand ein Zweifel – ob ich bereit sei, ihn gehen zu lassen. Schließlich forderte ich ihn heraus, indem ich ihm die Frage stellte, die mir auf der Seele brannte.

»Jim«, begann ich, »weißt du sicher, daß *du* bestimmt bist, hinzugehen?«

»Ich bin gerufen«, lautete die einfache Antwort. Nun, dann war alles richtig. Die biblischen Grundregeln, die von Gott geführten Umstände und Jims innere Gewißheit, sie stimmten überein. Nun konnte ich ihm ohne Vorbehalte zustimmen, ich konnte ihm mit freudigem Herzen planen helfen.

Einige Wochen später ging auch ich nach Ila und sammelte weitere linguistische Unterlagen, die Jim und ich dann gemeinsam verarbeiteten, indem wir mein Material mit dem seinen verglichen, alles sorgsam ordneten und den Satzbau studierten. Es war ein aufregendes Erlebnis, wieder gemeinsam zu lernen wie in früheren Tagen, und diesmal eine gänzlich neue Sprache. Wir sprachen auch davon, ob es möglich sei, daß wir zusammen zu den Aucas gingen, wenn ein freundliches Verhältnis angebahnt sei. Wie der Plan damals stand, wollten die Männer zunächst im Kanu den Curaray hinabfahren, das Gebiet erkunden und vielleicht auch eine Landebahn am Ufer vorbereiten. Wahrscheinlich, meinte Jim, könnte ich mitgehen – ein Vorschlag, den ich freudigst aufgriff.

Ihn selber trieb die vor ihm stehende Entscheidung dazu an, seine eigenen Motive, die Gründe, warum er überhaupt nach Ekuador gegangen sei, erneut zu überprüfen. Am 6. November schrieb er:

»Du fragst, warum man sich sein Arbeitsfeld in fernen Ländern sucht, wo doch bei uns zu Hause junge Menschen treiben gehen, weil keiner sich die Zeit nimmt, ihre Schwierigkeiten anzuhören. Ich will Dir sagen, warum ich weggegangen bin. Weil die jungen Leute in den Staaten tausenderlei Möglichkeiten haben, zu studieren und verstehen zu lernen, und die Indianer hier überhaupt keine. Damit sie begriffen, was ›kreuzigen‹ heißt, mußte ich ein Kreuz aus zwei Baumstämmen machen und mich drauflegen. Wenn hier eine derartige

Unwissenheit besteht und bei uns zu Hause soviel Erkenntnis und Gelegenheit zum Lernen, dann frage ich mich nicht mehr, warum mich Gott hierher gesandt hat. Die wehleidige Jugend in den Staaten wird am Jüngsten Tage aufwachen und sich zu einem schlimmeren Geschick verurteilt sehen als die dämonenfürchtigen Indianer, weil sie die Bibel *hatte*, aber kein Interesse dafür aufbrachte, während die Indianer nicht einmal davon gehört hatten, daß man lesen oder schreiben kann.«

Das Leben in Shandia ging unterdessen weiter. Die alte Schule, aus Bambus und mit Palmblätterdach, sah so aus, als wenn der nächste Sturm sie umwehen würde, daher arbeitete Jim mit Hochdruck an einem neuen Bau aus Brettern.

Am 9. November schrieb er:

»Den ganzen Tag habe ich Bretter gehobelt, deshalb bin ich ziemlich müde. Ich traue mich nicht, die Indianer an den Maschinen allein zu lassen, aber das Zementgießen machen sie sehr gut. Sieben Pfeiler haben wir diese Woche schon geschafft, und jetzt können wir keinen Zement bekommen . . .

Valerie hat jetzt angefangen, sich in ihrem Laufstall am Gitter hochzuziehen, bis sie steht und sich wieder hinunterzulassen. Ihr würdet jetzt begeistert von ihr sein, sie ist ganz reizend. Ihr Gaumen ist wieder etwas entzündet, und es sieht so aus, als wenn zwei weitere Zähne kämen. Sie lacht von morgens bis abends. Viel freie Zeit läßt sie uns nicht, außer nach dem Abendessen, aber uns gefällt es. Wir fragen uns nur manchmal: Was tut man, wenn man Drillinge hat?«

Am Spätnachmittag und abends machte Jim konzentrierte Bibelarbeiten mit jungen Indianern. Er setzte sich mit zweien oder dreien zusammen, ging einige Verse gründlich mit ihnen durch, stellte Fragen, beantwortete die ihrigen und half ihnen, den Sinn herauszufinden. Nur so, fand er, konnte sich Gemeinde bilden, ihr Fundament mußte sie in Gottes Wort haben, und von ihm mußten sich die Glieder nähren. Er hatte einen großen Teil des Lukasevangeliums übertragen, und einige Stellen hatte ich übersetzt. »Wir *müssen* es fertig kriegen, bevor wir zu den Aucas gehen«, sagte er. Und so arbeiteten wir gemeinsam, fügten unsere Übersetzungen zusammen, verglichen sie, gingen sie mit einigen zuverlässigen Indianern nochmals durch und korrigierten sie, so gut wie wir konnten. Bevor wir aufbrachen, konnten wir die Rohübersetzung beenden.

20. November. »Dieses Wochenende ist ein großer Teil der Indianer flußaufwärts gefahren, deshalb sank die Zahl beim Gottesdienst auf vierzig. Venanzio Tapui, der Hilfslehrer, leitete das Singen, Gervacio predigte. Er sprach über ›Weinet nicht über mich, sondern weinet über euch.‹ Recht gut, fand ich, nur brauchen sie noch etwas mehr Sicherheit, damit sie den Zuhörern richtig in die Augen sehen können. Morgen wird Hector den Bibelunterricht halten, Dienstag Mariano, Mittwoch Venanzio, Donnerstag gebe ich eine Übersicht, und Freitag unterrichtet Asencio. Ich versuche, alle dazu zu bringen, mitzutun, und sie gehen darauf ein. Die Predigt nächsten Sonntag wird Abelardo halten, so Gott will, Freitagmorgen gehen Betty und ich nach Pano, deshalb wird Venanzio die Zusammenkunft am Talac übernehmen.«

Das Tagebuch fährt fort:

27. November. »Zweiter Flug mit Nate zu den Aucas. Wir flogen ihren Fluß hinunter bis zu dem Grasschuppen, bei dem man eingezäunte Anpflanzungen, aber keine Menschen sieht. Ich bemerkte, daß die gerodeten Stellen sich seit meinem letzten Flug vergrößert hatten. Sie wissen also anscheinend, was man mit Äxten und Buschmessern anfängt. Am ersten Haus, wo wir eine Frau sahen, die eine graue, bei einem früheren Flug abgeworfene Unterhose trug, warfen wir ein paar Shorts ab. Auf dem Dachfirst des zweiten Hauses haben sie eine geschnitzte Nachbildung unseres Flugzeuges angebracht. Dort warfen wir ein Buschmesser und eine kurze Unterhose ab, und dann sah ich etwas, was mich stark bewegt hat: Ein anscheinend älterer Mann stand neben seinem Haus und winkte mit beiden Armen, als wollte er uns auffordern, zu ihm herabzukommen. Ein Auca, der mich zu sich winkt! An dem nächsten Haus haben sie eine große Lichtung geschlagen und eine Art Podest aus Bambus gebaut, darauf stand ein Mann in einem weißen Hemd und winkte. Nate warf eine Rolle Toilettenpapier und mehrere mit Fähnchen versehene Kämme (an die Kämme wurden Streifen von Mullbinden gebunden, damit die Aucas sie im Urwald leichter finden konnten) in die Bäume am Rand der Lichtung, um ihnen zu zeigen, daß wir auch diese Bäume noch gefällt haben wollten. Außerdem warfen wir auch dort ein Buschmesser ab. Mit der Leine ließen wir einen Aluminiumtopf und eine Axt hinab, und sie banden mit einem roten Band irgend etwas an, das wir aber auf dem

Rückweg beim Einziehen der Leine leider verloren. Es war schon spät am Nachmittag, Nate hatte Eile und drehte ziemlich auf, und so ging das Geschenk verloren.

O Herr, sende mich bald zu den Aucas.«

An dem Tage, an dem Jim dies in sein Tagebuch geschrieben hatte, berichtete sein Brief an die Eltern nur von den Fortschritten in Shandia:

»Zu meiner großen Freude kann ich sagen, daß unsere Indianer sich bei den Zementpfeilern sehr ins Zeug legen; es fehlt jetzt nur noch einer, dann können wir uns an die Querbalken machen . . .

Jeden Nachmittag und manchmal auch abends habe ich einige junge Burschen hier im Haus, und wir nehmen eine Schriftstelle gründlich durch, und dann höre ich mir an, was sie darüber sagen – in einem Ketschua, das bedeutend besser ist als meines, und mit dem großen Vorzug, daß sie wirkliche Fortschritte im Verstehen und Vortragen machen. Zur Zeit besteht mein Dienst fast nur aus diesen Bibelarbeiten mit den Einzelschülern; die Wortdarbietung für die Allgemeinheit überlasse ich jetzt ihnen, nur die Bibelstunde Montag nachmittag für alle Gläubigen halte ich auch weiter selbst. Gott helfe ihnen. Sie sind so begierig, mehr zu lernen, und man braucht sie gar nicht anzutreiben, nur muß man ihnen sehr viel Hilfe geben, daß sie den Sinn verstehen.

Bete doch weiter für die Männer, Vater, besonders für die vier: Vicente, Venancio, Chaucha und Capitan. Sie haben mir diese Woche ganz besonders auf dem Herzen gelegen, und ich glaube, sie sind dem Reich nicht mehr fern. Auch vergiß bitte nicht, daß wir daran denken, nachdem die Gläubigen hier in Shandia so gefestigt worden sind, das Evangelium weiter hinauszutragen. Wenn Gott uns für einige Monate an einen anderen Ort schickt – ich glaube, es wäre für die junge Gemeinde hier recht gut.

Im Vorgarten leuchten die Eibischblüten – so lange, bis irgendein Indianer vorbeikommt und sie abreißt. Diese Woche habe ich Lack für die Hauswände und Teer fürs Dach bekommen, so daß wir unsere Behausung weiter vervollkommnen können.

Ich glaube, das ist im Augenblick wohl alles. Es ist kurz nach sechs, und die Grillen und Frösche haben ihr Abendkonzert begonnen. Wir haben mit Freunden ein Geschäft abgeschlossen, sie wollen uns eine gute Milchkuh gegen einen Kühlschrank tauschen. Unser Weidegras wächst jetzt enorm. Dank für alle Eure Liebe und Fürbitte und Sorge für uns. Wir spüren ständig Gottes Hand in unserer Arbeit und werden immer wieder neu gestärkt.«

Ich weiß nicht, ob Jim irgendeine Vorahnung davon hatte, daß Gott ihn bei seinem Versprechen nehmen würde — daß er die Bitte, die Jim in jenem Gebet vom 18. April 1948 getan hatte, wörtlich erfüllen würde: »Vater, nimm mein Leben, ja mein Blut, wenn du willst, und verzehre es in deinem Feuer. Ich will es nicht behalten, denn es ist nicht mein, daß ich es für mich behielte. Nimm es, Herr, nimm es ganz. Gieß mein Leben aus als eine Opfergabe für die Welt. Blut ist nur von Wert, wenn es von deinem Altar fließt.«

Eins der letzten von den vielen Ketschualiedern, die er schrieb, schilderte, was vorgeht, wenn ein Mensch stirbt. Jim benutzte dabei ein Bild aus Prediger 11, 3, das einfach und für den Indianer leicht verständlich war:

»Wenn ein Mensch stirbt, fällt er um wie ein Baum;
wo immer er hinfällt, da liegt er.
Ist er ein Ungläubiger, wartet der Feuersee sein.
Doch wenn der Tod einen Glaubenden trifft,
wird der nicht fallen,
er wird im selben Augenblick
hinaufgenommen werden in das Haus Gottes.«

In Shandia zählte dieses Lied zu den Lieblingsliedern, und mehrere Indianer haben mir gesagt, daß es jetzt eine besondere Bedeutung für sie habe.

Aber der alte Feind läßt sich die Macht über ein Gebiet, wo er herrscht, nicht so leicht entreißen. Als er sah, daß seine Herrschaft über das Aucaland bedroht wurde, startete er alsbald einen Angriff auf die Bedroher. Jim wurde von Anfechtungen befallen, wie er sie noch nie erlebt hatte. Mit jener raffinierten Waffe, der Entmutigung — die seit Jims Ankunft in Ekuador nichts mehr über ihn vermocht hatte —, trat der Feind ihm jetzt auf Schritt und Tritt entgegen. Eine Wolke von Schwermut schien über ihm zu hängen, und Kämpfe schienen sich in seinem Innern abzuspielen, bei denen ich ihm nicht zur Seite stehen konnte. Um diese Zeit, im Dezember, dichtete er ein kleines Lied, schmerzlich-zart und voll verhaltener Klage — Worte, deren bitterer Unterton, wenn man sie übersetzt, verlorengeht:

»Manchmal sagt eine Stimme in mir:
›Dein Glaube ist umsonst.‹
Aber wenn ich ihn aufgeben will,
sagt Jesus zu mir:
›Glaube an mich, lieber Sohn,
bitte, folge mir.
Ich möchte Dich in das Haus meines Vaters führen,
lieber Sohn, in ein wunderschönes Land.‹«

Als Nate den Sandstrand entdeckte, auf dem man, wie er sicher glaubte, mit dem Flugzeug landen konnte, wurde der ursprüngliche Plan, in Kanus den Curarayfluß hinabzufahren, aufgegeben, und auch die Beteiligung einer Frau wurde unnötig. Ich wußte jetzt, daß Jim zu den Aucas gehen würde ohne mich. Wir begannen, von der Möglichkeit zu sprechen, daß er nicht zurückkehren werde.

»Wenn Gott es will, Liebste«, sagte Jim, »ich bin bereit, für die Aucas zu sterben.«

Kurz vor Weihnachten veranstalteten Pete und seine Frau, die kurz vorher die Station in Puyupungu übernommen hatten, eine Fiesta für die dortigen Indianer. Auch Jim und Ed waren eingeladen worden, um bei der Verkündigung zu helfen. Als er zurück war, am 22. Dezember, schrieb Jim den Eltern über diese Tage:

»Etwa hundert Indianer waren da, manche aus ziemlich weit entfernten Gegenden. Aus Shandia waren zehn unserer Schuljungen mit einigen Schwestern den ganzen Weg zu Fuß gegangen (drei Tage!). Bei der Verkündigung wurde sehr aufmerksam zugehört, nachdem wir ihnen den Schnaps am ersten Abend weggenommen hatten; Pete gab ihn am Montagmorgen dem Eigentümer wieder. Besonders interessiert zeigten sich die älteren Männer — noch nie hatte ich bei Indianern soviel Aufmerksamkeit erlebt —, ich kann nur hoffen, daß Gott sie erleuchtet und ihnen hilft, den Schritt über die Linie zu tun und sich für Christus zu entscheiden. Von den jüngeren Burschen haben einige schon mit dem Trinken aufgehört. Betet doch für Atanasio und seinen Bruder Isaac. Luis Capitan wollte auch nach Puyupungu gehen, aber unterwegs, in Puyo, betrank er sich und kam nicht weiter.

Am Freitagmorgen, als Ed und ich am Sprechfunk standen

und auf Nachricht von Marilou aus Arajuno warteten, klang ihre Stimme verängstigt. Ein Indianer, der bei ihr übernachtet hatte, war früh aufgestanden und einem nackten Auca, der keine fünfzig Schritt vom Haus mit einem Speer gestanden hatte, sozusagen in die Arme gelaufen. Daher flogen Ed und Nate eiligst hin, aber von dem Auca war nichts mehr zu sehen. Der Indianer hatte ihm nachsteigen und ihn töten wollen. Aber Marilou nahm ihm das Gewehr weg, ging in die Richtung und rief einen Satz, der ungefähr bedeutet: ›Wir sind Freunde‹, doch der Auca blieb verschwunden. Das einzige, was sie von ihm zu sehen bekam, war ein nasser Fußabdruck auf einem Brett und zertretenes Gras. Wir möchten diesen Stamm gern erreichen. Er hat weder mit Weißen noch Indianern jemals freundliche Beziehungen gehabt, aber wir wissen jetzt, wo er wohnt, und wir werden in nächster Zeit den Versuch machen, mit ihm in Kontakt zu kommen. Dazu sind zwei Dinge nötig. Erstens, daß das Vorhaben geheim bleibt. Es gibt einige, die den ganzen Plan zum Scheitern bringen würden, wenn sie Wind davon bekämen; sagt deshalb bitte niemandem davon, erst wenn ich Euch schreibe, daß Ihr darüber sprechen könnt. Und das zweite ist Fürbitte. Diese Menschen sind Kopfjäger, friedlichen Umgang mit Außenstehenden kennen sie überhaupt nicht. Unsere Indianer haben eine Todesangst vor ihnen, auch die Weißen, und jeder wird den Kopf schütteln, daß wir uns um sie bemühen; aber unser Glaube ist, daß Gott ihretwegen Ed nach Arajuno geführt hat, und Seinen Auftrag wollen wir ausführen, indem wir das Evangelium zu diesen Menschen bringen. Sie haben in ihrer Sprache nicht einmal ein *Wort* für Gott. In Ila wohnt eine Aucafrau, die sozusagen ›gezähmt‹ ist. Betty und ich haben sie mehrmals aufgesucht, und zur Zeit bemühen wir uns, etwas in die Sprache einzudringen. Sie ist viel schwieriger als die ketschuanische, und ihren Aufbau herauszufinden, wird viel Arbeit kosten, deshalb betet doch für uns. In vier Wochen oder so, wenn unsere Pläne sich entwickelt haben, hört Ihr weiteres darüber.

Mach dir doch bitte keine Mühe mit Sachenschicken durch Ruth Jordan, Mutter. Sie hat ohnehin schon einen ganzen Koffer voller Sachen, die Bettys Mutter für uns eingekauft hat und ihr mitgibt, auch für mich. Wir brauchen nichts, nur Kraft von Gott, und die kann uns nur er schicken.«

Weihnachten verlebten wir mit Flemings und McCullys in Arajuno. Unsere Gespräche drehten sich vor allem um die Aucas, um die Pläne für die erste Fühlungnahme auf dem Boden, die in der Woche nach Weihnachten stattfinden sollte, und um die Auswertung des Sprachmaterials, das Jim und ich gesammelt hatten. Nate war es gelungen, einen vierten Mann zu finden, der mit ihm, Ed und Jim zu den Aucas gehen wollte – Roger Youderian, Missionar bei den Jivaros im südlichen Urwaldgebiet. Auch Pete beteiligte sich an allen unseren Besprechungen, er hatte sich jedoch noch nicht entschlossen, ob er mit den anderen gehen würde oder nicht.

Kurz nach Weihnachten kehrten wir alle nach Shandia zurück, wo für Neujahr ein Treffen für die zum Glauben gekommenen jungen Indianer angesetzt war.

Den letzten Brief an seine Eltern schrieb Jim am 28. Dezember:

»Wenn diese Zeilen bei Euch eintreffen, werden Ed und Pete und ich und noch ein anderer den Versuch gemacht haben, mit den Aucas in persönlichen Kontakt zu kommen. Wir haben seit mehreren Monaten für diesen Plan gebetet und ihn vorbereitet, aber mit niemandem davon gesprochen (selbst unsere Missionarsfreunde in der näheren Umgebung wissen nichts davon). Vor einiger Zeit hat Nate bei Erkundungsflügen an zwei verschiedenen Stellen Aucahäuser ausgemacht, und seitdem haben wir jede Woche Freundschaftsflüge unternommen, Geschenke abgeworfen und mit unserem Lautsprecher Sätze hinuntergerufen, die wir uns von der Frau in Ila hatten vorsprechen lassen. Nate hat eine besondere Abwurftechnik entwickelt; die Geschenke werden an einer Leine hinabgelassen und den Aucas direkt vor die Haustür gelegt, und wir haben verschiedentlich Gegengeschenke bekommen, kleine Tiere, Eßsachen und selbstfabrizierte Gegenstände, die sie an die Leine gebunden haben. Unser Plan ist, den Fluß hinabzufliegen, auf einem sandigen Uferstreifen, den wir in der Nähe ihrer Siedlung entdeckt haben, zu landen, dort ein Baumhaus zu bauen, dessen Teile ich mit unserer Motorsäge angefertigt habe, und dann vom Flugzeug aus die Aucas einzuladen, daß sie dorthin kommen. Diese Begegnung ist geplant für Freitag oder Samstag, den 6. oder 7. Januar. Vielleicht müssen wir auch länger warten. Ihr wißt ja, daß es völlig unzivilisierte, nackte Wilde sind (die erste Spur von Bekleidung sah ich letzte Woche — einen fingerbreiten Lendenschurz), und mit Weißen sind sie bisher nur in der Weise in Kontakt getreten, daß sie sie umgebracht haben. Sie haben keine Feuerwaffen, sondern lange Hartholzspeere; sie kennen kein anderes Mittel zum Feuermachen als durch Reiben von Holzstäben auf trockenem Moos; sie tragen ihre kleinen Kinder in Basttüchern auf dem Rücken, schlafen in Hängematten, rauben Äxte und Buschmesser, wenn sie unsere Indianer töten; sie haben kein Wort für Gott in ihrer Sprache, nur für Dämonen und böse Geister. Ich weiß, Ihr werdet beten. Unser Befehl lautet: ›Das Evangelium jeder Kreatur.‹ — Euer Euch liebender Sohn und Bruder Jim.«

Das Treffen endete am Neujahrstag abends. Die Gäste sollten am 2. Januar wieder aufbrechen, und anschließend wollte Jim nach Arajuno, wo sich die Teilnehmer der Auca-Expedition am 3. Januar treffen wollten. Aber am 2. Januar rief uns Nate aus Arajuno über den Sprechfunk an und sagte, da das Wetter günstig sei zum Fliegen, sollte man es ausnutzen und Jim sollte gleich mit den anderen nach Arajuno kommen. So blieb für Jim und mich nicht, wie wir gehofft hatten, noch ein Tag des Zusammenseins.

Er begann mit dem Packen. Ich half ihm, alles zusammenzutragen, was den Aucas Spaß machen konnte, Dinge, die ihr Interesse wachrufen und Gelegenheit zu freundschaftlichem Kennenlernen bieten würden; denn die Männer waren sich darüber klar, daß mit den wenigen Sätzen, die sie konnten, ein längeres Gespräch unmöglich sein würde.

Schließlich verglichen wir das Ganze noch einmal mit Jims Liste. Alles war bereit. Wir stellten noch einmal Radioverbindung mit dem Flugzeug her, dann schlang sich Jim das Tragnetz um die Stirn und ging zur Tür. Als er die Hand auf die Klinke legte, hätte ich beinahe laut gesagt: »Weißt du, daß du diese Tür vielleicht nie wieder aufmachen wirst?«

Er öffnete sie, ging mit mir hinaus und ließ sie zufallen. Festen, entschlossenen Schrittes wie immer, ging er den Bambuspfad entlang. Als wir zum Landestreifen kamen, kreiste das Flugzeug schon in der Luft, und das weitere war eine Sache weniger Minuten — Jim gab mir einen Kuß, schwang sich auf den Sitz neben dem Piloten und entschwand über den Fluß. Am Dienstag, dem 4. Januar 1956, sandte er mir einige mit Bleistift geschriebene Zeilen aus »Palm Beach«:

»Liebste Betty: Eben bin ich an der Handkurbel des Funkgeräts ordentlich in Schweiß geraten. Niemand hört uns, aber wir selber bekommen alle Morgenverbindungen sehr deutlich. Wir haben eine gute Nacht verbracht mit einer kurzen Unterbrechung bei Sandwiches und Kaffee um zwei Uhr früh. Wache gehalten hat keiner, denn wir fühlen uns wirklich sehr geborgen hier in unserer kleinen Kabine, etwa zehn Meter über dem Erdboden. Der Strand ist zum Landen sehr geeignet, aber zum Starten zu weich. Wir haben jetzt drei Möglichkeiten:

1. zu warten, bis die Sonne den Strand hart gemacht hat und genügend Wind zum Starten aufkommt,
2. nach ›Terminal City‹ zu gehen und dort einen Landestreifen anzulegen,
3. zu streiken.

Wir haben Fährten von Pumas gefunden, und diese Nacht hörten wir sie fauchen. Der Urwald hier ist prachtvoll, luftig und voller Palmen. Viel heißer als in Shandia. Diese Nacht habe ich geschwitzt, obwohl ich nur ein Netz über hatte.

Wir sind voller Hoffnung, aber von den ›Nachbarn‹ haben wir noch nichts gesehen. Vielleicht ist dies der Tag, an dem wir sie persönlich kennenlernen. Unsere Hütte hier heraufzukriegen, war eine ziemliche Strapaze, aber dafür sind wir hier in sicherer Entfernung von der Erde.

Jetzt steigen wir hinunter, in der Tasche Pistolen, Geschenke und Spielzeug, im Herzen Gebet. — Genug für jetzt.
In Liebe

Jim«

Soweit ich weiß, sind dies die letzten Worte, die Jim geschrieben hat. Alles, was wir von jenen vier folgenden Tagen wissen, ist an anderer Stelle erzählt.* Hier sei nur gesagt, daß am Freitag das große Erlebnis von Jims Dasein sich ereignete. Er nahm einen Auca bei der Hand. Die durch Welten Geschiedenen begegneten sich. Fünf Amerikaner, drei nackte Wilde.

Zwei Tage später, am Samstag, dem 8. Januar 1956, töteten die Menschen, für die Jim Elliot sechs Jahre lang gebetet hatte, ihn und seine vier Gefährten.

* *Through Gates of Splendor* (Deutsche Ausgabe: *Durchs Tor der Herrlichkeit;* Christliche Verlagsanstalt Konstanz).

NACHWORT

In seinem Buch *Der Menschen Hörigkeit* sagt W. Somerset Maugham an einer Stelle: »Dieses alte Volk hatte nichts getan, und wenn die Menschen starben, war es so, als wenn sie gar nie dagewesen wären.« »Gott bewahre mich«, hatte Jim dazu gesagt.

Als er starb, hinterließ Jim weniges von Wert – wenig Dinge, die die Welt als Werte ansieht. Schon seit langem waren wir uns einig gewesen, daß wir keinerlei Versicherungen haben wollten. Unsere Schätze wollten wir im Himmel haben; wir wollten das, was der Herr uns gab, mit anderen teilen, und was unsere Zukunft anging, auch im Materiellen ganz auf Ihn vertrauen, im Einklang mit den Grundsätzen, wie Paulus sie den Korinthern darlegt: »Ihr sollt andere nicht so unterstützen, daß ihre Not gelindert wird, während ihr selbst in Not geratet. Nein, es handelt sich um einen Ausgleich: Diesmal soll euer Überfluß ihrem Mangel abhelfen, damit ein andermal ihr Überfluß eurem Mangel zugute komme und so ein Ausgleich stattfinde, wie geschrieben steht:

›Wer viel sammelte, der hatte keinen
Überfluß, und wer wenig sammelte,
der litt keinen Mangel.‹

Als den Kindern Israel Manna gegeben wurde in der Wüste, empfingen sie jedesmal soviel, wie für einen Tag genügte. Es wurde ihnen nicht gesagt, sie sollten einen Vorrat für den nächsten Tag zurücklegen.«

So war an materiellen Dingen wenig da; ein Haus im Urwald, abgetragene Kleidungsstücke, Bücher, Werkzeug. Die Männer, die auszogen, um die fünf zu retten, brachten mir seine Uhr, die sie noch an seinem Arm gefunden hatten, und die verschmutzten, am Strand verstreut gelegenen Blätter seines Notizbuches. Keine feierliche Beisetzung hatte stattgefunden, kein Grabstein war errichtet worden als Gedächtnismal (Zeitungsberichte von »fünf hölzernen Kreuzen am Ufer« entsprachen nicht der Wahrheit).

Die Toten hatten also nichts hinterlassen? War es so, »als wenn sie gar nie dagewesen wären«? »Die Welt vergeht mit ihrer Lust; wer aber den Willen Gottes tut, der bleibt in

Ewigkeit.« Was Jim mir hinterlassen hat in der Erinnerung und uns allen hinterlassen hat in diesen Briefen und Tagebüchern, ist das Zeugnis eines Menschen, der als einziges den Willen Gottes zu erfüllen strebte und der betete, daß sein »Leben ein offenes Zeichen dafür sei, was es bedeutet, Gott zu kennen«.

Der Ertrag, der aus dieser Hinterlassenschaft erwachsen wird, ist noch nicht zu übersehen. Andeutungsweise zeichnet er sich jetzt schon ab: im Leben vieler Ketschua-Indianer, die sich dazu entschlossen haben, Christus nachzufolgen, angetrieben durch das Vorbild Jims; im Leben vieler anderer Menschen, die mir noch immer schreiben und von einem neu aufgebrochenen Verlangen sprechen, Gott so zu erfahren, wie ihn Jim erfahren habe.

Als ich in Wheaton studierte, bat ich Jim, mir etwas in mein Jahrbuch zu schreiben. Statt des üblichen: »Es war nett, daß wir uns kennengelernt haben« oder einer anderen Phrase schrieb er:

»Der Staub von Worten würde mich ersticken. 2. Timotheus 2, 4. Der Vers besagt: Ein Krieger, der zu Felde zieht, darf sich nicht verstricken lassen in die bürgerlichen Dinge dieses Lebens; sonst kann er dem Feldherrn, der ihn als Krieger angeworben hat, nicht gefallen.«

Jims Tod war die Folge einfachen Gehorsams gegen seinen Führer. Wenn ich Jims eigene Worte wieder durchlese, wie er sie im gewöhnlichen Tageslauf seines Lebens in die vielbenutzten Hefte und Notizbücher schrieb, dann spüre ich, wie auch diese Worte sich für mich mit neuem Sinn erfüllen. Ihnen kann ich nichts hinzufügen.

»Der ist kein Tor, der hingibt, was er nicht behalten kann, auf daß er gewinne, was er nicht verlieren kann« (1948).

»Herr, zünde an den toten Reisighaufen meines Lebens, gib, daß ich aufflamme und für dich verbrenne. Verzehre mein Leben, Herr, denn es ist dein. Ich trachte nicht nach einem langen Leben, sondern nach einem erfüllten, gleich dir, Herr Jesus« (1948).

»Vater, nimm mein Leben, ja, mein Blut, wenn du willst, und verzehre es in deinem Feuer. Ich will es nicht behalten, denn es ist nicht mein, daß ich es für mich behielte. Nimm es, Herr, nimm es ganz. Gieß mein Leben aus als eine Opfergabe für die Welt. Blut ist nur von Wert, wenn es von deinem Altar fließt« (1948).

»Durchtränke mein Wesen mit dem Öl deines Heiligen Geistes, auf daß ich aufflammen kann. Aber eine Flamme ist vergänglich, oft von kurzer Lebensdauer. Kannst du das ertragen, meine Seele — ein kurzes Leben? In mir wohnt der Geist jenes Großen, dessen Leben so kurz war und den der Eifer für das Haus des Herrn verzehrte. ›Flamme Gottes, laß mich dein Brennstoff sein‹« (1948).

»Sind wir bereit, so zu bauen — in der einen Hand die Kelle und die andere am Schwert?« (1948).

»Vater, wenn du mich nach Südamerika gehen lassen willst, um dort für dich zu wirken und zu sterben, dann bitte ich dich, laß mich bald gehen. Doch *nicht mein Wille«* (1948).

»Wie wenig, wie kurz sind die Tage, die wir hier auf dieser Erde wandeln — dann kommt der große Schritt in die andere, die wirkliche Welt, wo das Unsichtbare wichtig wird« (1948).

Vom Sarg: »›. . . auf daß das Sterbliche verschlungen werde von dem Leben.‹ Das ist auch meine große Sehnsucht« (1948).

»Wie dein ganzes Leben, so ist auch die Dauer deines Lebens in Gottes Hand. Denke daran: Gott läßt dich nicht sterben, ehe nicht dein Werk getan ist. Aber laß nicht den Sand der Zeit in deine Augen kommen, so daß sie nicht mehr die sehen, die noch in der Finsternis sitzen. Sie *müssen* die Botschaft hören. Ehefrauen, Familie, Beruf, Erziehung, alles muß lernen, sich der Regel zu unterwerfen: ›Laß die Toten ihre Toten begraben; du aber gehe hin und verkündige das Reich Gottes‹« (1948).

»Überwinde alles im Vertrauen auf dein Einssein mit Jesus. ›Um die Freude zu erringen, die ihn als Siegespreis erwartete, hat er des Kreuzes Pein erduldet.‹ Wenn du auf ihn blickst, wird der Gedanke an diese einstige Freude auch dir Kraft und Trost geben in allen Prüfungen, Verfolgungen und Einsamkeiten. ›Der Herr hat uns gemacht zu Schafen seiner Weide. Gehet zu seinen Toren ein mit Danken, zu seinen Vorhöfen mit Loben.‹ Wozu gehen Schafe durch die Tore? Was ist ihr Ziel, wenn sie in die Vorhöfe eintreten? Melodisch zu blöken und die Gemeinsamkeit der Herde zu genießen? Nein, jene Schafe waren für den *Altar* bestimmt. Das Weiden hatte nur den einen Zweck gehabt, sie zu erproben und zu mästen für das Blutopfer. Sage ihm also Dank, daß du für würdig erfunden worden bist für seine Altäre. Gehe ein und beginne das Werk mit Loben« (1949).

Als sein Bruder Bert nach Peru fuhr, schrieb er an seine Mutter:

»Bedenke — das soll nicht pedantisch oder anmaßend klingen, als wüßte ich, was es dich gekostet hat —, bedenke, daß wir uns ja dem verschworen haben, der ein Kreuz trug; und wenn er seine Jünger lehrte, legte er den Nachdruck auf das Opfern nicht so sehr von weltlichen Gütern als von *Familienbanden*. Nichts soll uns von dem Wissen abbringen, daß Gott bestimmt hat, daß wir durch Feuer bewährt und stark sein sollen, nach dem Vorbild seines Sohnes. Es gibt keinen anderen Weg.«

»Ich darf es nicht sonderbar finden, daß Gott Menschen in der Jugend hinwegnimmt, die ich selber noch auf der Erde gelassen hätte. Gott bevölkert das Jenseits, und ich kann nicht von ihm erwarten, daß er sich beschränkt auf alte Leute« (1950).

»Der Grundsatz: ›Wer hingibt, der empfängt‹ wird durch Gottes eigenes Handeln veranschaulicht:

›Er hatte einen einzigen Sohn, den er liebhatte.‹
›Er gibt den Geist nicht nach Maß.‹
›Er verschonte nicht seines eigenen Sohnes.‹
›Er entäußerte sich selbst.‹

Ist der Himmel durch dieses Hingeben ärmer geworden? Nein, sowohl der Himmel als die Erde wurden reicher. Wer würde wagen, Gottes Beispiel nicht zu folgen?« (1951).

»Nur das eine weiß ich, daß mein Leben voll ist. Es ist Zeit zu sterben, denn alles habe ich gehabt, was ein junger Mann nur haben kann, wenigstens dieser junge Mann. Ich bin bereit, vor Jesus hinzutreten« (Dezember 1951).

»Mich von neuem dargeboten für die Arbeit bei den Aucas, mit größerer Bestimmtheit als je; gebetet um Tapferkeit im Geist, um deutliche und wundertätige Führung . . .« (Mai 1952).

»Der Wille Gottes ist immer etwas Größeres als wir erwarten« (1952).

»Gib mir einen Glauben, der soviel von meinem Zagen aus

mir austreibt, daß ich singen möchte. Über die Aucas, Vater, will ich singen!« (Juli 1952).

»In meinem Innern weiß ich, daß meine Hoffnungen und Pläne keine bessere Lenkung und Erfüllung hätten finden können, als er sie mir gegeben hat. Möge es uns allen so ergehen, mögen wir erfahren, wie wahr das Wort ist: ›Immer und ewig wird Er uns führen, ja, bis zu unserem Tode.‹«

R. BROCKHAUS TASCHENBÜCHER

291 **Der Schmuggler Gottes** v. Br. Andrew
292 **Wir sind hier fremde Gäste** v. G. Tersteegen
293 **Wie sollt ich Gott nicht loben** v. M. Claudius
294 **Geheime Fracht** v. J. H. MacLehose
295 **Täglich mit ihm sprechen** v. C. Marshall
296 **Im Weingarten** v. A. de Moor
297 **Der neue Sound** v. A. Malessa
298 **Eseleien** v. S. Kettling
301 **Die Geschichte von der Rippe und dem Apfel** v. I. Briscoe
302 **Ich gedenke der vorigen Zeiten** v. K. Heim
303* **Die Ziege in Großmutters Küche** v. A. Richardson
304 **Dein Typ ist gefragt** v. O. Hallesby
305 **Freu dich, das Beste kommt noch** v. C. ten Boom
306 **Mein Leben ist ein Wandern** v. L. Richter
307 **Unschuldig wie Gott sie schuf?** v. J. Illies
308 **Mit eigenen Augen** v. B. Giertz
309 **Das Schönste kommt noch** v. F. Rienecker
310 **Toleranz und Wahrheit, wie Hund und Katze?** v. S. Kettling
312 **Mit Gott durch dick und dünn** v. C. ten Boom
313 **Achtung: Fehlschaltung!** v. M. Horie
314 **Tal der Liebe** v. E. Hong
315 **Kinder brauchen mehr als Liebe** v. J. Wilt
316 **Der Nachbar aus dem andern Land** v. H. D. Quandt
317 **Schreiben befreit** v. W. Jentsch
318* **Trödeleien** v. A. Richardson
320 **Bete und staune** v. K. Marshall
321 **Der geheilte Patient** v. P. Hebel
322 **Die zweite Frau** v. B. Schmidt-Eller
323 **Dein Wort ist meines Herzens Freude** v. M. Luther
324 **Pioniere des Wortes** v. R. Steiner
325 **Pilatus** v. P. L. Maier
327 **Atomkraft – ja oder nein?** v. Heil/Mosner/Sautter
331 **Gott tröstet** v. H. Risch
332 **Freiheit** v. M. L. King
333 **Die Rettung der Verlorenen** v. T. Goritschewa
334 **Mit Muslimen leben** v. Troeger/Staub/Sookhdeo
335 **Damals im Sommer** v. C. Massey
336 **Luther als Seelsorger** v. T. Brandt
337 **Irina** v. H. Hartfeld
338 **Sterben – Der Höhepunkt des Lebens** v. Maier-Gerber
339 **Faulheit ist heilbar** v. R. Ruthe

* »Erntebücher« – Besonders klares Schriftbild